養錢才能養活你自己

遠離被金錢支配的人生！

高得誠 著 唐建軍 譯 會計師林瑛逸 內容審訂

【推薦序】

不要說，我沒辦法改變！

林瑛逸（三一國際會計師事務所執業會計師
私人財務暨稅務諮詢顧問）

我一直主張**財務觀念越早建立越好**。

這幾年坊間開始有相關的書籍，可惜，國內對這方面的教育還是不太重視。

我認識一對夫妻，他們的兒子從小就對商業財務活動很有興趣，所以夫妻倆就常跟兒子講金錢觀念、商業活動、貿易、會計、股市，就是有關買賣、貨物成本、存貨、定價，以及有關公司股份、股票、持股、集資上市等等的事。

在兒子上小學一年級的時候，有一次兒子賣餅乾給同學，結果被導師處罰，導師要求兒子隔天要還錢給同學。可是，餅乾已經被同學吃掉了，也無法討回，大多數家長也希望孩子們好好讀書，專心學業，反對孩子們在學校有交易行爲。

事後，兒子回家跟媽媽聊起這件事，媽媽除了和兒子說明買東西不付帳這樣的行爲是不負責任視同偷竊搶劫以外，也提客戶族群區分、定價問題、不對價交易、不當得利情況，還有和讀小學的兒子提政治。

這樣的事情如果發生在便利超商，當時的店員應該是會報警處理吧？

可是發生在那兒子身上的是「**我賣餅乾給客人，客人當著我的面把餅乾吃了，結果回頭叫警察把我打一頓，要我還錢，我除了還錢保命，還能怎麼辦**？」

在學校，老師處罰賣東西的學生，就好像是對商業活動不友善的政府和社會環境，其實，正當的商人是不會與之對立，也不會故意違法，他反而會自己去找出路。

老師為什麼會處罰賣東西的小孩？

小孩為什麼不能有金錢觀念？

既然在都市有很多父母會給孩子零用錢，那爲什麼不同時給他們正當的金錢觀念？教導他們管理自己的零用錢也是一種負責的態度，如果沒有從小培養，又如何要求他們在踏入社會之後，對金錢會有正當的觀念呢？

前一陣子，莊總編介紹給我這本書，我覺得這本書觀念很正確，值得與大眾分享。沒想到，莊總編後來將這本書的編審工作交給我，希望各位在閱讀這本書時，有幾個重點：

第一，請注重這本書的觀念，而非數字。

如果你是生活在都市之中，這本書裡的故事所敘述的人、事、物，就在你我的生活周遭，故事裡的人物有可能是你我，或是身邊的親朋好友，故事內容可說是非常貼近現實社會的現況。

關於內容數字部分，由於本書爲韓文譯本，我已經盡量修改成對照本地都會區的相關數據，但是，由於故事內容的法令規範、經濟指標、各人的收入、支出水準等等差異因素，會影響書中數字。因此，建議大家在閱讀這本書的時候，勿對數字的精確性斤斤計較，而請將重點擺在故事所交代的觀念。

第二，敞開心胸，接受改變。

在本書中有一部分提到改變生活方式，開源節流，有人可能會問：現在在大都市的消費環境，有哪些支出可以減少？

其實會這樣問的意思，大概是自認爲沒有可以改變的空間，可是，如果心裡面已經抗拒改變的話，那麼再厲害的理財顧問也沒辦法給建議了。

如果沒有頭緒要如何減少的話，不妨可以先列出費用項目，分類一下：

大的分類像是食、衣、住、行、育、樂方面，之後再細分。

再思考內容：

食物採買、外食餐費、飲料點心、團購、衣物購買、美妝保養費、醫療保險、大坪數房貸、台北市區房貸、吃到飽智慧型手機電話月費、水電瓦斯、第四台有線電視、光纖上網、汽車車貸、交通費、計程車資、小孩教育費、海外學校學費、私立學校學費、補習班學費、才藝班學費、聯誼社會費、健身房會費、俱樂部會費、交際應酬費、娛樂電影、海外旅遊……

哪些是必要性的，哪些是可以減少的，哪些部分是需要改變的？只有你自己知道。

第三，越早行動越好。

很多書都已經介紹過複利觀念，你在閱讀完本書之後，應該也可以明白複利的重要，千萬不要忽視複利的力量。

每天一杯四十元的咖啡，二十年後會變成多少錢？看完本書就知道了。

上帝看顧在小事上忠心的人，凡有的還要加給他，叫他有餘。不耽誤你變成富翁的時間了，希望本書的諸多觀念，可以對你有所啓發。

林瑛逸：美國紐約理工大學企管碩士／東吳大學會計系學士。曾任跨國聯合會計師事務所審計部經理，法國石化集團台灣分公司財務行政經理，德國製藥集團台灣子公司財務長。

【作者序】

準備好三大資產，就能一輩子不缺錢

「如果能重返青春，我首先要做的就是爲退休生活養錢！我現在之所以生活得這麼淒慘，就是因爲手中沒錢。雖然年輕時也常爲錢而焦慮，也曾當過『月光族』，但那時候畢竟每個月都有收入；對於自己的未來儘管也會迷惘、惶恐，但我萬萬沒想到日後竟會落到這種地步。現在收入沒有了，身體也不如以前了，日常開銷卻天天有。一想起來我的心就像刀割一樣疼！」

一位癡癡仰望天空的老人像是在發表人生戰敗宣言一樣，對我說出了這番振聾發聵的感慨。在他年輕時物價也上漲得十分厲害，經濟同樣不景氣，很多時候他也會爲自己微薄的收入如何去應對充滿未知數的未來而焦慮不已，但那時還存有一線希望，就是自己還年輕，還有資本。然而步入退休後，他發現經濟問題的嚴重性要遠遠超過自己年輕時的想像，手中沒有積蓄和沒有積蓄卻要花錢的事實讓他陷入兩難境地。雖然錢解決不了所有問題，但是我們也必須承認這樣一個事實，那就是整日爲錢發愁的老人肯定不會幸福。

「問題到底出在哪兒？」「我這輩子都在爲錢焦慮，沒想到退休後還得面對同樣的問題！」

我們一生都要和錢打交道，並且不可避免地會為之煩惱，那麼有沒有一種方法能使自己擺脫這種煩惱，或者至少退休後該安享天年的時候能不用再為錢操心呢？基於這個目的我決定動筆寫這本書，爲了讓我的描述更貼近眞實生活，我用了兩年的時間細心觀察了周圍經常見到的不同年齡層的五位代表，同時爲了找出一個可以讓退休後生活衣食無憂的可行性辦法，並且讓這個辦法更具有可操作性，我試著從他們的立場和角度來觀察和思考。這五個人總是用多張信用卡拆東牆補西牆，人生就是在不停救火的陳有天；天生的宿命論，總是將所有問題都怪罪於命運的吳英俊；就職於公家機關，得過且過的羅富東；信奉享樂主義，寧願負債也要住大房、開好車的張家誠；將投資當賭博，總想一夜暴富的王志海。

環顧四周，大部分人所擁有的資產就是一棟房，一輛車，並且這棟房一般來說還是向銀行貸款購買的。人們常說家人身體健康、幸福平安就是自己最大的福氣，但事實是，擺在眼前的除了五花八門的各類帳單、超額的子女教育費用，還有每月的房貸、車貸。光這些就夠令人心煩了，加上銀行利息時漲時落，增加了財務規劃的難度，於是乎**許多人便開始放任自流，花起錢來毫無顧慮，理財既沒有目的性也沒有持續性。隨著時間流逝，我們之中的大部分人就在懵懵懂懂中毫無準備地迎來了自己的退休生活。**

　　爲了使一般人對於感覺遙不可及的退休生活有個清晰的認識，我寫的書許多人在看過後，恨不得重新活一遍，超過一百萬人在讀完後開始理財，爲三十年後的生活做準備。一位二十多歲的高薪白領女性丟掉了「名牌包包控」的外號；一位三十多歲的家長擱置了更換新車的計畫，轉而爲家人購買養老保險；一位年近四十的男子悔恨自己沒有更早看到這本書；一位六十歲出頭的退休男性說自己要讓子女趕快閱讀此書……看到讀者的這些改變，這些感受，我深感欣慰。對於那些下決心著手準備的人，我爲他們的當機立斷高興，並爲他們的勇氣鼓掌。真誠地希望我周邊的**每個人對於退休生活都有一個明確的目標，並且持之以恆地為此而努力。**

　　我希望這本書同樣能給讀者帶來觸動，帶來捷徑，爲你們未來的美滿生活增加更多契機！那些曾對我提出寶貴意見並給予鼓勵的讀者如果能再次認可我所做的努力，我將感到無比的榮幸。本書內容更爲明確地闡述了有關退休生活的準備問題，如果說之前的書是向人們展示退休生活的現實性、急迫性以及爲退休生活做準備的必要性和謹慎性的話，那麼**本書所講述的則是如何應對退休生活做好財務上的準備，以及這種準備如何與實際生活相結合，可以說這本書是一個精華實戰版**。

在此我要向對本書的創作過程給予幫助的人們表示感謝。首先要感謝的是參加了幾十次讀者見面會並決心做好退休準備的讀者們。感謝之前的共同執筆人鄭成鎮和崔秉熙先生，他們依舊毫無保留地提出了很多有價值的意見。還有在SC第一銀行負責個人業務的鄭大龍常務和職員們、每一位銀行客戶以及在本書的創作過程中一直給予協助的DASAN BOOKS的工作朋友們，感謝你們給予我的大力支持。當然，還要感謝默默地給我最大動力的我的家人，若沒有妻子賢淑和兩個兒子的全力支持，我不可能堅持每天坐在電腦前創作。

理財的最高境界是實現財務自由，一輩子不缺錢花，即在需要用錢時隨時都能拿出錢來。這種財務自由的境界也是退休生活應該有的狀態，只有這樣才能應對退休生活可能會遇到的一切危機。要知道，年輕時不經意花出去的一萬元如果放在退休後，將會被賦予不同尋常的力量和意義！就像螞蟻要爲過冬儲備食物一樣，現在的你務必準備好保障資產、退休資產和投資資產這三大資產。希望我們每個人都能透過自己在年輕時的辛勤勞動，讓自己的後半生幸福美滿。

Contents

目次

$

Chapter 2

拜見理財專家，解讀致富密碼

$

Chapter 3

專家教你認清現實，各個擊破

$

Chapter 4

富足生活最大的敵人——延誤時機

$

Chapter 5

讓投資收益翻倍的理財策略

本書人物介紹

陳有天

在一家大型企業任職，30多歲。生長於一個經濟不太寬裕的家庭，對錢抱有錯誤的觀念，年薪雖不算少，但是三分之二的房款都是透過銀行借貸的，房貸和信用卡欠款使得他每月的收入所剩無幾，雖然他已經開始爲退休生活而擔憂了，但由於不知道具體的方法，心情十分鬱悶。

羅富東

在公家機關任職，年過五十。期待著某一天繼承父親的事業，所以並不擔心自己的退休生活。此外，由於他工作在公家機關，他堅信自己手裡捧著的是摔不破的鐵飯碗。妻子過分熱中於對孩子的教育投資，自己也認同投資子女便是投資未來這一觀點，課外教育在家庭支出中佔很大比重。對於退休生活持樂觀態度，屬於安享天年型。

張家誠

在外商公司任職，年過四十。生活的價值觀是「充分地享受生活的每一天」，將希望全部寄託在房價的上漲上，因此刷起卡來毫不含糊。雖然妻子也在大公司上班，自己也拿著高額年薪，但卻認爲購買保險純屬浪費，對於個人的健康問題盲目自信。

吳英俊

和陳有天是同事，是一家衝浪俱樂部的會員。認爲萬事皆由天注定的宿命論者，對於理財和養老問題全然不放在心上，由於公司提供住宿，他甚至沒有儲備房屋資金，開銷基本控制在薪水以內，餘下的部分全部用在全家的旅行上。

王志海

年紀輕輕就頗受單位主管賞識，將高額年薪拿來投資股市的三十歲出頭的上班族。錢賺得越多，欲望就越發強烈。由於股票投資「高風險高回報」，雖然遭受過幾次損失，但是仍未改變對股票的迷戀。他看不上那些穩定的長線投資，然而以零星股交易爲主的投資以及子虛烏有的股價操控內部消息讓他吃了不少苦頭，是一位不折不扣的「機會主義者」。

馬修教授

身爲GBE(Getting to the Beautiful Excellence)資訊公司亞洲區總裁，他指出了陳有天對待金錢的一些錯誤觀念和偏執之處，告誡他要想透過理財來保證自己的收入，就必須擁有正確的消費習慣，並要遵循一定的投資原則，這對陳有天重新規劃人生目標具有很大意義。

*編按：本書金額數字皆為台幣，提供讀者參考比照。

【開場】

八點五十五分，電梯裡

早上八點，正在等地鐵的陳有天開始後悔起來，由於自己賴床太久，地鐵裡早已人滿爲患，儼然已經成了「地獄站」，他必須把自己的身軀擠進這座「地獄站」裡，看來把車鑰匙給去參加同學聚會的妻子是個多麼錯誤的決定。深呼一口氣，他悲壯地鑽進人群的縫隙，抱怨的哀嚎聲、扭曲的臉龐、僵硬的身體將他團團圍住，很難想像這是美好一天的開始。看來儘管油價飆漲，陳有天依然堅持開車上班也是被逼無奈，情有可原的。

氣喘吁吁地跑進公司大廳，時間剛好八點五十五分，還有五分鐘上班。次次如此，即便是提前出發，到達的時間還是一樣，恐怕這種現象連哲學家康德都無法解釋，陳有天無可奈何地笑了笑，不管怎樣沒遲到就好。陳有天緊繃的神經終於鬆弛下來，一邊等電梯一邊隨意整理一下自己的衣服。

「哎喲，陳經理，今天又是提前五分鐘到，我們這些總是提前五分鐘在電梯裡相遇的人是不是應該搞一次聚會啊！」

當初同時進入公司的沈曉男經理開了句玩笑，他也是在這個時間出現在大廳裡的熟面孔，陳有天笑了一下，其他等電梯的人也都會心一笑。

和同事們簡單打過招呼後，陳有天一入座就趕緊打開了HTS網路下單系統，一上班要是不先確認自己所投資的幾檔股票的價格，一天的業務似乎都很難進展下去。實際上在上班的路上他一直惦記著的就是今天的股市行情。

仔細一瞧大盤，咦，這是怎麼回事？整個大盤都在下跌，只有自己的股票還保持迅猛上漲勢頭，這樣下去的話，今天上午就有可能漲停，陳有天的臉上露出了笑容，緊聳的雙肩放鬆下來。「和我預想的一樣，將五十萬的貸款全部投入眞是太明智了，男人做事還眞不能太猶豫，該出手時就要出手！」

有了這個好消息，陳有天的心情異常舒暢，哼著歌準備去休息室喝上一杯咖啡，張明鏡總監迎面走來。

「張總監，週末過得好嗎？」

陳有天大聲地向對方打招呼。

「陳有天，你家裡有什麼喜事嗎？今天氣色不錯哦，上週你可一直悶悶不樂的。」

「哈哈哈，是嗎？倒是有一樁好事……有時間再跟您說，今天午飯我請了，喔不，這樣吧，今天我們部門的午飯我全包了。」

「喲！陳有天，您發大財了！」

陳有天的話音剛落，部門員工立即歡呼起來，紛紛湊到他身邊。

「呵呵，有人請客當然是好事，可是你心情好也請客，女兒上了幼稚園也請客，這樣下去你怎麼能存到錢？今天的午飯就當是你請了，你就別破費了。」

張總監的一席話讓員工們十分掃興，大家又回到各自座位上。

「嗨，總監您這是幹什麼呀？我是自願的，您別拒絕我啊，這樣搞得大家都不開心……整天省吃儉用，十年後充其量買個老爺車，哪天才能成爲有錢人啊？」

陳有天望著張總監，小聲嘟囔道。

「不對啊，總監您可是個大富翁啊？除了房子車子，光現金就超過一千萬吧。」

坐在一旁的副主任對著陳有天眨了眨眼，悄悄說道：「就是，他有個好父母，將來財產不都是他的，那麼有錢也不換輛新車，老是一副寒酸樣。」

在職場爬滾了十來年，陳有天是一天比一天鬱悶，偶爾聽到有誰在股市裡大撈一筆或因房價飆升而一夜暴富的消息後，一整天心情都很難平復，根本再無心工作。每月爲了十萬塊薪水忙忙碌碌，在他的眼中這樣的生活太過寒酸，因此他選擇了投資股票，剛開始他還能遵循「購買績優股，保持平常心」的價值投資原則，但是經過幾次買賣交易後，只要所持股票開始上漲，他便選擇逐步加碼，現在乾脆連工作時間也埋頭研究自己的股票。

「要是收盤時沒有大的波動，光這個月我就能賺五萬塊，早就應該投資股票，在公司的這十年時間全被白白浪費了，只要今後在這方面多用點心，就算靠它發不了大財，至少也能發筆小財吧，唉，眞搞不懂之前是怎麼想的！」

陳有天收拾東西開始準備下班，走出公司大門他來到附近的一家大型書店。不理會書店裡琳琅滿目的各種書籍，他不假思索地走向理財類陳列架，稍微瀏覽了一遍之後，他感到十分鬱悶，滿滿一書架的書，竟沒有一本書的內容與他目前的經濟狀況相符，他一邊隨手翻閱，一邊陷入了思考：「上學時還老覺得自己運氣不錯，堅信日後一切都將十分順利，在社會混了這麼些年，曾經的雄心壯志早沒有了，像我這樣既沒錢又沒有背景的人，一輩子都當人家員工，累得半死到頭來還可能會被提前資遣。只有先有錢，才能賺到錢！我要趕緊去挖掘我人生的第一筆財富，如果每次都像這次股票投資一樣，相信成功離我也就不遠了。正好明天休假，好好在家研究一下股票。」

買了兩本股票方面的書，陳有天從書店出來，走進回家的地鐵。地鐵不是一般的喧譁，但再喧譁，都阻擋不了他為自己的構想而激動。

「沒錯，就這麼決定了，就這樣做！」

Chapter 1

$

夢想與現實，距離有多遠

現在當機立斷做出決定是爲今後退休生活所邁出的重要一步，現在不能果斷地做出決定就相當於做出了繼續維持現狀的決定。

買進賣出，大有學問

「喂，快起來了，孩子們都起床穿好衣服了，一聽說今天要去遊樂場，孩子們興奮到不行。」妻子搖了搖還躺在床上的陳有天，隨後便抱怨起來：「說好要帶孩子們去遊樂場玩，怎麼還熬夜看書呢？」

昨晚陳有天一直在看買來的書，直到凌晨三點才入睡，早上剛過八點妻子就在耳邊嘮叨起來。

「我說，我這麼辛苦都是爲了誰？」正想說休假不就是用來休息的嗎，但轉念一想，要是這麼反駁必然又會招來妻子無休止的叨念。

「爸爸，快起床吧。」

剛上幼稚園的智恩張開雙臂朝自己撲來，陳有天再也沒有賴在床上的理由了。揉揉眼睛往外一看，年滿三歲的兒子俊理也已經穿戴整齊了，一看見爸爸起床了就高興得直拍手，陳有天抱起智恩和俊理，暗自下定決心：

「好吧，就算再累我也要堅持，爲了我可愛的孩子們。」和孩子們吃過早餐後，妻子開始爲這次出遊做準備，利用這段閒置時間，陳有天來到書房打開電腦，九點鐘剛過，股市已經開盤了，要是按照昨天的走勢，今天海星生物肯定會漲停。

「截止到昨天，這個月的累計帳面利潤已有五萬。今天再往漲停上限衝一衝吧，這樣我就能帶著孩子們玩得更盡興。」咦？怎麼回事？螢幕上所顯示的數值與他的期待完全不同，股市開盤走勢強勁，但他的股票卻逼近了跌停下限。「咦，這是怎麼了？到底發生了什麼事？爲什麼唯獨我的股票在跌？」

他趕緊搜索相關消息，握著滑鼠的手開始顫抖起來。

海星生物因第三季度業績急劇下滑將有可能跌停。

陳有天急忙給在證券公司工作的前輩打電話。

「前輩，這是怎麼一回事？有傳聞說海星生物第三季度業績不好，這消息可靠嗎？」

「喂，你先別急，我剛剛也看到這篇報導，還需要時間搞清楚這到底是怎麼回事，你先等等。」

「我怎麼能不急？現在是不是該賣了？前輩你經常強調要敢於殺出，是賣呢，還是再觀望？」

「我過一會再給你打電話，今天股市暴漲，有不少客戶打電話過來，你別太擔心了。」

「不是，前輩！」

嘟嘟……

急得不行的陳有天正要接著往下說，不料電話那頭傳來了「嘟嘟」聲。

由於沒有得到確切答案，他的心裡更慌了。打電話的同時視線始終未敢從電腦螢幕上離開，股價在逼近跌停下限時稍微反彈了一下，損失停在百分之十二上下，眞是萬幸，但是不安的情緒仍然籠罩著他。

「這到底算什麼？是大舉反彈的徵兆，還是瞬間技術性反彈呢？」

螢幕的一角正不斷地顯示著交易情況，正舉棋不定時，他突然想起昨晚熬夜苦讀的書中有這麼一個觀點：買賣必須把握時機！

「對，買賣要把握時機，如果在這種技術性反彈階段沒能賣出，恐怕等它跌停了，連出手的機會都沒有，先躲過這場風暴再說，現在就賣！」

陳有天將自己所持有的海星生物股票全部以當前價格拋售，這麼算下來總共有五萬元的虧損，**昨天還是五萬元的利潤，到今天卻變成五萬元的虧損**，雖然心如刀割，但是也只能拿沒有遭受更大損失來安慰自己了。

無比鬱悶的陳有天想喝口涼水提提神，但是當他端著水杯重新走進書房時，他呆掉了，簡直不敢相信自己的眼睛，海星生物股票不僅「收復了失地」，而且還稍高於昨日的股價，HTS網路下單系統底部跑馬燈跑出這麼一條消息：

海星生物第三季度儘管業績不如預期，但由於供不應求，股價還將持續增長。

眞是地獄與天堂一念之隔啊，此刻的陳有天就置身於地獄中！現在已經無法再挽回之前的損失了，陳有天四肢無力，兩腿發軟，雙手撐在桌面上，後悔自己怎麼就沒多忍耐一會兒，還不到十分鐘的時間一個月收入全都人間蒸發了，腦袋頓時嗡嗡地響了起來。

這時妻子打開房門走進來。

「喂，你不穿衣服在這幹什麼呢？我們都準備好了，你也抓緊時間。」

「噢，知道了。」

陳有天條件反射地回答道，但是身子仍一動不動。

「對了，昨天收到了帳單，難道你又申請了信用卡？」

眞是屋漏偏逢連夜雨，背著妻子辦的信用卡此時又來了帳單，陳有天趕忙接過妻子遞來的信用卡帳單，搬出朋友當擋箭牌。

「嗯，這個嗎……妳認不認識我的朋友小偉？那傢伙在銀行工作，爲了業績老找我辦信用卡，最後實在推辭不了，只好辦了一張。」

喬遷新居，重新購置家具、家電，貸款和原來的信用卡透支額都已達到了上限，他只好又申請了一張信用卡，拆東牆補西牆。他趕緊撕開信封，查看起卡錢。

本期應繳金額八千元

分期付款額四萬元

現金透支額八萬七千五百元

望著帳單上方的還款總額，陳有天不由得倒吸一口涼氣，趕緊仔細查看帳單裡的明細。

「現金透支是爲了償還第一張信用卡的欠款，本期應繳是上次和部長一起打高爾夫時花掉的，分期付款是怎麼回事呢？」

他從抽屜裡拿出第一張信用卡的帳單，開始相互比較起來。這時，手機發出「叮咚」一聲。

您的房屋擔保貸款利息已經超過最後還款期限，按規定，將徵收百分之十八的滯納金，請您諒解。現代銀行

陳有天完全陷入恐慌，電腦螢幕上的股票交易餘額，左手的信用卡對帳單，右手的手機短訊，他覺得自己正一步步墜往地獄，頭暈目眩，雙手也像是被鐵鎖牢牢捆住，動彈不得……

「喂，快出來呀，孩子們都等著呢。」

一邊說，妻子一邊打開房門走進來，而此時他根本聽不進妻子說的話了。

「哎呀，你怎麼搞的？直冒虛汗，剛才我進來時就看你臉色不好，哪裡不舒服啊？」

「老婆，對不起，今天我想休息一下，渾身難受得很，妳帶孩子們去玩吧！」

陳有天用虛脫無力的嗓音擠出了這麼幾句，隨後便閉上了眼睛……

一個存摺vs.多個存摺

不知過了多久，窗外射入的陽光晃得陳有天不得不睜開雙眼，他喝了口水，深呼一口氣。

「老是這麼東拼西湊的也不是個辦法，必須得想個對策，先把情況搞清楚再說，現在距離領薪水還有多少天？」

看了一眼日曆，陳有天再一次被擊倒了，即便是薪水到手也無法解決眼前的難題。

「薪水十萬，扣除稅金和保險後，只剩下八萬五千元，唉，我拿什麼還信用卡欠款啊？」

如同打翻了五味瓶，各種滋味湧向陳有天的心頭。本來打算休假一天帶孩子們出去玩，好好履行一下當父親的責任，沒想到卻被錢搞得如此狼狽。

「就算發了薪水也解決不了任何問題，看來只能動用儲蓄式基金（類似於基金定投）了。」

之前在一個銀行工作的朋友的勸告下他投資了月繳一萬元的儲蓄式基金，銀行工作人員對他說，從現在起就該爲退休生活做準備，由於準備時間長達三十年，即使存入的金額較小，等退休後也足夠用了，當時他還感覺這是銀行放貸給自己後又再向自己推銷的一種金融配套產品，心裡很不情願，但現在看來，這還眞幫了他大忙。他重新坐在書桌前，登錄網上銀行查看。

親愛的客户，您繳納的是每月一萬元的儲蓄式基金，投資時間爲二十四個月，您當前的基金額度如下：總投資額二十四萬元，基金總額二十九萬一千元，帳面利潤五萬一千元，此期間累計年平均收益率約爲百分之二十一。

看到這裡，陳有天驚訝萬分，自己出於無奈購買的基金產品竟然給自己帶來了五萬多元的利潤。

「不能就這樣坐著等死，得趕緊把基金的錢都抽出來，說不定哪天股市就暴跌了，把基金這些錢拿出來還能一解燃眉之急……」

陳有天立即翻找起存摺和印章，準備去趟銀行。

銀行裡早已人滿爲患，今天正好趕上銀行當月結算的最後一天，銀行大廳內都是手持號碼牌等待辦理業務的人。

「排在我前面有三十四人，就算走掉十四人也還有二十人，唉，至少還得等一個小時左右。」

情緒本就很糟糕的陳有天又漸生怒氣，他無法理解銀行掙了這麼多錢卻爲何讓客戶等得如此辛苦，爲了贖回基金竟然要等一個小時！好不容易休假一天，結果從早上開始就傳出壞消息，之後就諸事不順。心情急躁的陳有天開始左顧右盼，他發現空調旁有一條鋪著紅地毯的通道，通道盡頭三兩個沒拿號碼的人從房間裡進進出出，只見房門上掛著「VIP客戶接待室」的門牌，旁邊一間房的門上寫著「銀行保管箱」，從接待室裡出來的人大部分都進入了這個房間。

「看來這地方是爲有錢人準備的，不管什麼地方，只要有了錢就會有笑臉相迎，我什麼時候能走進那個地方啊？」

看著往來於紅地毯上的人，他的內心十分苦澀，但又對他們抱有幾分不屑。就在此時，一位樣貌十分熟悉的男子在銀行行長必恭必敬的陪伴下走出了VIP接待室。

「那傢伙看起來挺年輕的，怎麼會這麼有錢呢，肯定是富二代。什麼？那不是陳文華嗎，他怎麼從那裡出來了？」

陳文華是陳有天的大學同學，兩人在大學時代關係堪比親兄弟，但是畢業後，陳文華選擇到外地工作，兩人便失去了聯繫。一見陳文華，陳有天高興地喊道：

「喂，陳文華。」

陳文華扭過頭環顧四周，發現了坐在等候席的陳有天，趕緊走過來。

「小天！好久不見！沒想到我們會在這裡見面。」

陳文華朝陳有天就是一拳，十分高興。

「是啊，你到外地後我們就再沒聯繫了，時間太長了，你過得怎麼樣？」

陳有天雖然很好奇陳文華爲什麼從VIP室裡出來，但還是按捺住性子先從客套話說起。

「我嘛，就老樣子，哈哈，都三十好幾的人了，時間過得眞快啊，爲了照顧家庭連見老朋友的時間都沒有。」

「你怎麼有這麼多存摺？你該不會在這家銀行上班？」

陳有天禁不住好奇心的驅使，指著陳文華手中的存摺問道。

「哈哈，在銀行上班？不是，我是有事過來的，存摺太多了，保管起來比較麻煩，所以就來銀行租借一個保管箱。有天啊，你稍等一下，我把存摺存進後馬上出來。」

看著陳文華手捧著厚厚一疊存摺朝銀行金庫走去的瀟灑背影，陳有天感到臉上火辣辣的，自己一大早爲了不因拖欠信用卡欠款和貸款而罰錢，翻出基金帳戶存摺跑到銀行，與對方簡直相差了十萬八千里。當時大學畢業後到外地工作的文華還十分羡慕進入大公司的我，然而不到十年的時間卻讓人產生恍如隔世的感覺。

在等待陳文華的同時，等待辦理業務的隊伍終於輪到陳有天了，陳有天告訴銀行職員要贖回基金，在銀行職員專注地敲擊電腦鍵盤辦理業務的時候，他小聲地詢問對方使用VIP客戶接待室和銀行保管箱需要什麼條件，得到的回答是銀行存款額要在兩百萬元以上。

「這麼說文華已經有兩百萬元的資產了？這傢伙，看來混得不錯嘛……」

文華出來後兩人走進一家咖啡店，聊了起來。

「怎麼今天你不上班麼？」

「噢，今天我休假，準備和孩子們出去玩玩，再學學炒股技巧。」

和陳文華交談中只要一提及錢，陳有天都會極力轉移話題，但是自己還是在無意中提到了「股票」。

「股票？在學校我就知道你能力很強，絕不會滿足於只幹一件事情，現在你又工作，又炒股票，可眞夠你忙的。」

和預想的一樣，陳文華沒有放過「股票」這個字眼。

「哪有什麼能力？誰都不是這麼活著的嗎？就算鐵打的也得吃飽肚子啊。文華你好像日子過得不錯啊，今天你拿了這麼多存摺，還租借了銀行保管箱，看樣子錢賺不少啊。」

在好長時間沒見面的陳文華面前陳有天是窘態畢露，儘管自尊心受到了傷害，但他還是不習慣用假話來進行掩飾。

「錢賺不少？是嗎？我覺得還差得遠呢。」陳文華抓了抓頭，停住不說了。

「這是什麼話？我知道能租借銀行保管箱的客戶存款額都在兩百萬元以上。唉，不談這個了，你賺錢有什麼秘訣呀，說給我聽聽。」

陳有天帶著半羞愧半期待的心情向陳文華問道。

「你還記不記得我們上學的時候有門課程叫財務規劃？最後一個學期上的。」

陳有天忍住羞愧向陳文華討教賺錢的秘訣，他卻無厘頭地抛出了大學財務規劃課的話題，這讓他十分不開心。

「記得，別提了，我記得這門課沒上多久我就和授課老師吵了一架，之後便經常曠課，畢業時只得了D。」

儘管距今已有十年，陳有天卻歷歷在目。

「沒錯，由於那是最後一個學期，你總共也沒聽幾節課，我倒是非常喜歡這門課，完全沒有缺課全部認眞聽了，最後的成績是A＋。」

「是嗎？我當時已經決定在那個學期就參加工作，所以也沒怎麼在意學分……你幹嘛突然提這個？」

「實際上並沒有什麼秘訣，只不過是在工作後我將那時學到的知識用在了實際當中。」

「不可能吧，用財務規劃課上學到的東西就能讓你變成現在這樣？別扯了，趕緊告訴我秘訣。」

陳有天的目光透露出錯愕的情緒，繼續向陳文華追問道。

「哪裡有什麼特別的秘訣？不過是在上課時跟隨老師的思路，碰到有疑問的地方就去問馬修教授。」

一聽見馬修教授，他的面容立即浮現在陳有天的腦海中。

「馬修教授當時是客座教授，只在我們學校開了一個學期的課，之後便回美國了。」

「對，沒錯，我在外地工作的時候，一有空就會透過電子郵件與遠在美國的教授進行交流，由於一直保持著聯繫，每當我拿不定主意時，我就會請教授幫我出主意。」

「哦……」

看來從陳文華那裡是問不出什麼秘訣了，陳有天情緒十分低落，他回想起自己的大學時代。

在最後一學期修學分時，他和陳文華都選擇了財務規劃這門課，被譽為「業界翹楚」的馬修教授時任一家跨國金融公司的本地分公司總經理，受學校委託開了一個學期的課，主要是面對畢業班的學生。由於馬修教授的名氣大，陳有天也懷著好奇心遞交了聽課申請。當時政府為了擺脫亞洲金融危機，在公營轉民營的過程中允許國外資本的介入，這使得國內一些發展前景良好的銀行和政府投資機構直接被國外資本控制，陳有天聽了沒多長時間的課，便在課堂上向馬修教授提出了這個問題，陳有天認為隨著投機資本逐步佔據國內金融市場，這會加重人們對國家財富流失的擔憂，馬修教授則以全球化理論和資本市場的冷酷性予以反擊，雙方展開了激烈辯論，最終誰也未能說服誰，之後陳有天爲了準備就業就沒怎麼重視這門課，草草提交了報告，期末考試這門課勉強及格，得了「D」的學分。

「有天，你知道馬修教授不久前又回來了嗎？」

「是嗎？我不知道，事實上和我也沒啥關係。」

「他現在是GBE資訊公司的亞洲區總裁，有時間咱們一起去拜訪他一下吧。」

「你一直和他保持著聯繫，我畢業後可一次也沒和他聯繫過，哪好意思再去見他。再加上他教的課我幾乎全逃掉，還在課堂上和他頂嘴，哎喲，還是算了吧。」

陳有天直擺手。

「別這麼說，教授也很想見見你，那次你和他之間的辯論給他留下了很深的印象，教授在給我的電子郵件中有時還會提到你呢。」

「是嗎？」

聽到馬修教授還惦記著自己，陳有天既驚又喜。

「當然是眞的，下次有機會我安排你們見一面。」

回到家裡的陳有天仍滿臉愁雲，從早上起就被錢搞得焦頭爛額，在銀行遇見陳文華之後，更加覺得自己的人生可悲。即使還了汽車貸款，也還有卡債和房貸等著呢，而自己也沒有更多的錢拿來儲蓄了，毫無疑問今後每一天的生活都要被錢牽著鼻子走。他開始對周圍的一切感到恐懼，擺在桌子上的信用卡帳單和還款通知書彷彿就是自己的賣身契。

「有沒有搞錯，**每年薪水都上漲，怎麼錢還不夠用呢，到底哪裡出了問題？**」

浪花暫時帶走了所有的擔憂

陳有天一起床就拉開窗簾觀察外面的天氣，已經接連下了好幾天的春雨，今天終於出太陽了，眞幸運，因爲今天是衝浪俱樂部組織活動的日子，被錢搞得一個頭兩個大的陳有天更是對這次活動充滿期待。

「好吧，今天就忘掉所有的一切，全身心投入到衝浪之中吧！」

陳有天喝著妻子遞來的熱牛奶，翻看著報紙，視線很自然地就落到財經版面上，在瀏覽上週股市評論以及下週股市展望時，他注意到了版面下方有這樣一篇報導：

……沒有錢的貧者由於腦子裡壓根沒想成爲富者，所以他們會爲自己財務上的失敗找出種種藉口。而財務成功人士面對各種財務問題，會絞盡腦汁想出對策，當一個個問題迎刃而解之後，財務成功人士便變得更成功，而貧者卻由於不會爲自己所面臨的財務困難肩負起開源節流的責任，最終他們的人生除了要面臨經濟問題外，還會把全家人的幸福都扯進去……

這是一篇對一位投資屢遭挫敗卻最終獲得成功的人士所進行的人物專訪，此人所說的「貧者」似乎是在說自己，這讓陳有天大爲不爽。

「什麼？貧者？直接說窮人就得了，幹嘛還文謅謅的！」

陳有天嘩的一下將報紙扔在了桌邊，來到陽臺上開始整理自己的裝備。

每個月的第四個星期六他都準時前往清平。當他還是公司新人時，在清平舉行的員工團結大會上，他有生以來第一次嘗試了衝浪運動，從中體會到了衝浪有別於其他運動的魅力，之後便拉著同時進入公司的吳英俊加入了衝浪俱樂部。他是至今爲止一次也沒缺席過的元老級會員，但自從結婚生子後，這每月一次的定期活動也還得提防妻子的反感。

陳有天忘掉一切全身心地投入到衝浪運動中，耳邊響起輕快的發動機聲，濺起的水花，遠處的美景，緊繃的繩索帶來的刺激感，這一切都讓他沉浸其中，並忘卻了所有的擔憂和焦慮。當他自如地馳騁於水面上時，信用卡欠款和貸款滯納金都被遠遠地拋在了腦後。晚霞一點點在天邊顯現，五月的最後一天即將過去，不禁讓人感歎一天的時間實在太短。

衝浪之後，自然到了聚餐時間。俱樂部共有二十餘名會員，大家根據各自的社交圈很自然地分成了好幾小組，陳有天當然選擇和上班族坐在一起。今天大家的焦點還是放在了坐在餐廳一角的資深會員張家誠身上，他從事衝浪運動已經十五年了，目前在一家外商公司擔任營業總監，高大挺拔的身材再配上任何時候都十分得體的穿著，他很受俱樂部女性會員的歡迎，今天的話題又從張家誠新買的一輛轎車說起。

「家誠兄，看來你從公司拿了不少分紅啊，終於把天天掛在嘴邊的LEXUS給買下來了。」

在俱樂部擔任總務一職的王志海首先起了個頭。

「是啊，這次用分紅和信用卡貸款買了這輛車。聽說升級版上市後，我就跑到公司旁的LEXUS旗艦店，但他們的付款方式實在讓人受不了。」

「爲什麼？」

王志海睜大眼睛問道。

「首先要支付百分之二十的車款，剩餘部分按每月三萬二千元的方式支付，從這個月就開始執行，所以說我是下了很大決心才買這輛車的，反正明年還會調薪，應該不會有太大負擔。」

在眾人羨慕的眼光下，從角落傳來一個聲音：

「LEXUS就那麼好嗎？」

是五十三歲的羅富東，他是俱樂部裡年紀最大的，和自己的同事吳英俊是同鄉，兩人年齡儘管相差很大，但是關係很好。

「富東兄，看來您是有所不知啊，有句話是這樣說的，想清晨享受咖啡的美味就得乘坐LEXUS。」

「這句話的意思是說要開著車去喝咖啡？」

「不是，這是說早晨可以帶著咖啡上班，就算將咖啡杯放在儀錶板上，杯子也不會晃動，就是在車內感受不到震動的意思。哈哈哈！」

「哦～」

周圍的人都發出羨慕的感歎聲，**這樣的生活是每個上班族的夢想啊**。王志海也十分羨慕，詳細詢問了車的價格以及銷售人員的聯繫電話，在飯桌上他算是比較年輕的，敞篷跑車一直是他的夢想，但至今還沒有列入購買計畫，看著猶豫不決的王志海，張家誠發表了自己的觀點：

「喂，王志海，要活不就得活出個人樣嗎？我們的父母勒緊褲腰帶辛苦一輩子，吃也沒吃好，穿也沒穿好，我們雖然也成不了什麼有錢人，但該花的錢還是得花吧，買輛好車，休假時去海外旅行，說得難聽點，只要自己的生活不給別人帶來傷害就萬事OK啦。**一般人容易犯的最大錯誤是什麼呢？就是只顧著為未來打算，卻放棄了眼前的快樂，我認為懂得享受生活每一瞬間的人才是最聰明和最幸福的，無數個現在聚攏在一起便是未來，老是眼瞅著未來，未來永遠不會到來。**你說對吧？」

滿臉通紅，嘴唇上還沾有啤酒沫的張家誠大發感慨，王志海將啤酒杯一放，帶著悲壯的表情接過話說：

「大哥說得沒錯，我昨天去銀行存錢時發現利息根本沒有多少，十五年前，利息還超過百分之十，可現在的利息就跟兔子尾巴一樣短，再加上扣除利息稅，最後算下來根本趕不上CIP，在通貨膨脹時期，把錢存銀行，還不如拿出來享受人生，是不是這樣？」

「哈哈，看來現在咱倆有共同語言了。」

聽到張家誠的稱讚，王志海興致更高了，於是端起酒杯高聲喊道：

「沒錯，大哥，人生，還能有什麼？該吃就吃，該喝就喝，該工作就工作，好，我們一起來乾一杯，乾杯！」

回家的路上吳英俊和羅富東坐的是陳有天的車，一有聚會他們就輪流當司機，這次輪到了陳有天。打開車內收音機，收音機裡正在激烈地討論著有關如何準備退休生活的話題，其中一位提出在城市裡居住的一家人到四十歲時至少要有一千萬元退休資金的觀點，吳英俊對此開始發表意見：

「**整天在公司忙得焦頭爛額，哪有時間考慮退休生活**？本本分分地過好每一天就行了，事實上對我們這種拿死薪水的人來說，要等到哪一天才能湊夠退休後的生活費啊？這個世界上有些人在家躺著就能靠房地產賺錢，而我們光是省些小錢又有什麼用，我看沒必要折騰，就這麼活著，這也許就是我的命。」

吳英俊老是這樣，不論談什麼事他都會歸咎於命運，仔細一想，他的人生哲學其實挺單純，拿他的話來說就是「要安於天命，與命運抗爭是愚蠢的」。

陳有天起初比較反感他的這種思維方式，但時間久了也就麻木了，坐在後座上的羅富東也說道：

「沒錯，等到你退休時一切都會變得更好的，那時我們國家也會步入發展國家行列，到那時就再無須爲退休生活擔心了，即使不能像瑞士那些國家給國民發放高額養老金，但總不至於會餓死人吧，再加上我們每月不都在繳納退休金嗎？」

羅富東原來在國營電力公司上班，最近又在母公司分支出來的東部發電公司任職，他的單位可眞是「鐵飯碗」，因此他自己也十分滿足於目前的狀態。

「富東兄弟，你就別說下去了，我現在只要一聽人提錢，馬上頭痛，看看那些有錢人不照樣要面對很多問題嗎？親人遠離，健康惡化，官司纏身，能不能成爲有錢人都是命中注定的，但這個世界上比錢珍貴的東西還有很多，週末和家人一起外出是我最願意做的事，當然這需要花費不少錢，但我認爲和家人在一起要比金錢更加珍貴。」

吳英俊的話再次得到了羅富東的認可，他也覺得只要是家庭旅行，無論去哪都很開心，因此自己也在考慮是不是也該換輛好車，兩人就這麼你一句我一句說個沒完。

陳有天靜靜地聆聽著吳英俊和羅富東的對話，和他們相處的時間雖不算短，但是他們這種隨遇而安的態度曾不止一次地讓他陷入苦悶中。

「他們活得眞夠輕鬆，可他們薪水也不比我高啊，怎麼還能把錢花在旅行和休閒活動上？他們肯定還留有一手。」

財富地圖在哪裡？

在最適合旅遊的五月，從清平到首爾的交通十分壅堵，由於還得把吳英俊和羅富東送回家，陳有天今天注定很晚才能到家。陳有天把車停在停車場後，一看錶都快十二點了，趕緊抱著衝浪裝備和換洗衣物走進房門，發現妻子正怒氣沖沖地看著自己。

「你還知道回來啊？知不知道現在幾點了？」

和想像中的一樣，妻子肯定不會給自己好臉色。

「對不起，老婆，我是回來晚了，路上太堵了……」

「你明知道每次回來都會堵車，為什麼還去衝浪？衝浪是能賺錢呢，還是能當飯吃？」

一直以來妻子對陳有天動不動就週末獨自一人去衝浪十分不滿，今天則擺出了要和他好好算一帳的架式，本以為晚歸後說聲對不起就萬事大吉，沒想到妻子不罷休，陳有天頓時也火冒三丈。

「怎麼，我週末衝浪妳現在才知道嗎？我平時上班夠累了，難道就不能有一點愛好？運動還能減輕壓力，有什麼不好？我這麼做不僅爲了我自己，也是爲了妳和孩子，妳不要老是從妳的立場來考慮問題，也替我想想，我又不是一個賺錢機器。哼！」

本來就被錢搞得緊張兮兮的陳有天，因爲妻子的幾句話，把自己的情緒徹底地發洩出來，隨手把衣物朝角落一扔，大步走進書房，砰的一聲關上房門。他癱坐在椅子上，身體使勁往後仰，閉上了雙眼，試圖讓自己的呼吸和情緒都平靜下來，但剛和妻子吵完架，心頭之火一時還很難壓制，爲了不和妻子再次發生衝突，看來今晚他只得睡在書房了。

陳有天習慣性地打開電腦，在檢查信件時看見了陳文華發來的郵件。

我是文華。

這段時間過得怎麼樣？很高興上次能在銀行遇見你。

今天打電話給你想約你見一面，可是你手機一天都關機，正好馬修教授今天要和我一起吃晚飯，就想把你也約上，結果沒能聯繫上你，我跟馬修教授提起你，他很遺憾你沒能過來。馬修教授說他給我們講課是他有生以來的第一次也是最後一次，我老是稱他爲「教授」，他聽後十分開心，比起「會長」和「社長」的稱呼，「教授」這個詞他更喜歡。我把教授的名片掃描了放在附加檔案裡，你趕緊和他聯繫吧，他接到你的電話一定會十分高興的。

對了，差點忘了一件事，下個月我們全家就要去新加坡了，很早我就夢想去海外工作，如今夢想終於實現了。不管怎樣在我走之前，我們一定要好好聚一下。

讀完郵件陳有天除了羨慕之外，更多的是嫉妒。陳文華的存款已經能租用銀行的保管箱，現在他還要帶著全家去海外工作，看來他在公司裡也很受主管賞識，與他相比，自己爲了一個愛好還要和妻子爭執，每天爲了錢過著提心吊膽的生活，這種差距讓他心裡很不是滋味。他像發了神經一樣，將鍵盤朝前一推，腦袋埋進雙手，忽然間想起陳文華說過當他陷入困境時總會第一時間去找馬修教授。

「是不是該和馬修教授見一面，文華不是說他從教授那裡獲益匪淺嗎，看來馬修教授肯定有解決經濟問題的秘訣。」

Chapter 2

$

拜見理財專家，解讀致富密碼

控制住錢是指不能讓錢在我們的生活中居於支配的地位，越是缺錢，錢所佔據的位置就越高，財務成功和失敗的分水嶺就取決於對待錢的不同態度。

天下沒有白吃的午餐

八點五十五分，陳有天像往常一樣準時來到辦公大廳，可是氣氛卻與以往大不相同，所有人都聚集在大廳的公司告示板前議論紛紛，陳有天從人縫中鑽進去，看著告示板上的通知。

關於收回員工宿舍的通知

通知對象：居住在員工宿舍裡的所有員工

審批：人事部長

由於經濟危機，公司的銷售額直線下降，資金鏈也出現了相當程度的緊縮，爲了緩解目前這種狀況，經董事會討論研究決定，將之前作爲員工福利只向員工收取管理費的員工宿舍全部收回。

此決定可能會給居住在員工宿舍裡的員工帶來不便，希望你們能夠體諒公司的苦衷，在三個月內返還公司的宿舍。

由於公司最近業務量急劇下滑，大家都傳言公司將會採取應對措施，但誰也沒想到政策會來得這麼快，讀完通知陳有天首先想到的就是吳英俊，自進入公司第一天起他就住在公司提供的宿舍裡。

「這下麻煩了，對他肯定是個不小的打擊。」

辦公室完全亂作一團，突如其來的通知令大家無心工作，坐在休息室裡的幾個人也是在討論「返還」話題，由於陳有天所屬部門的兩個員工也住在公司提供的房子裡，看得出張總監也對此大為不滿。陳有天放下手頭的事，來到人事部想瞭解一下具體情況，卻發現有好幾個人正在與人事部長進行溝通。

「這麼做是不是有點過分了？突然讓我們搬出去，我們上哪兒住啊？之前給我們提供住處時說公司的福利待遇是全國最好的，現在卻讓我們搬走，到底還讓不讓我們活啊？」

「你們不要這麼悲觀，主要是這次公司經營遇到困難，我也沒有辦法啊！你們可以對我訴苦，但目前公司面臨的困難你們也很清楚，沒有進行人事調整就算不錯了，如果不把這些房子賣掉，估計會有三十多名員工被裁，從年初起公司的效益就大不如前，爲此公司不一直在說要縮減員工福利待遇的方案嗎？這次把房子出售就是公司整體方案的一部分。」

人事部長的解釋讓眾人也不好再說下去，便都回到各自的辦公室，陳有天也沒有獲得更多的資訊，回到了自己的部門，進入辦公室後他看見金副主任和李副主任正在向部長遞交提前退休的申請，他們表示要趕緊和妻子商量解決住房的問題，部長二話沒說就批准了他們的申請。

陳有天沒有回到自己的座位上，轉身便去物流部找吳英俊，可這時他不在物流部，周圍同事也不知道他去哪兒了，找了好久終於在員工休息室裡發現了吳英俊，他正無精打采地擺弄著電腦，陳有天從自動販賣機裡取出兩罐咖啡，坐到他身旁。

「做什麼呢？」

「哦，是你啊，我隨便看看。」

他的手有氣無力地搭在滑鼠上。

「看什麼呢，這不是房地產網站嗎？」

「我必須在三個月內將房子騰出來，所以我想先瞭解一下周邊社區的行情。」

「怎麼樣，有沒有合適的？」

「唉，別提了，和我現在差不多大小的房子，租金都太貴了。」

「你手裡不還有些積蓄嗎？像我爲了還房貸，已經累得不行了。」

「哪裡還有什麼積蓄！」

吳英俊把咖啡一飲而盡，大聲說道。

「什麼？沒有積蓄？」

陳有天無法相信自己的耳朵，又問了一遍。

「我手上只有一個存了兩年的月儲蓄額爲十萬元的存摺，這就是我的全部家當，我現在已經有赴死的決心了。」

吳英俊用雙手緊緊抱住頭，表情十分痛苦。

「不會吧，你每月的薪水都做什麼用了？你既不用照顧父母，家裡也沒有病人啊。」

吳英俊的一番話讓陳有天十分震驚。

「我也不知道錢都跑哪兒去了。」

「但花在哪兒應該知道吧。」

「嗯……你也知道我和我老婆酷愛旅行，一到週末我們就會帶著孩子出門旅行，休假時還會去海外旅行，由於老是在外面跑來跑去，後來就乾脆買了一輛越野車。雖然我的人生沒有什麼計畫，但我所花的錢都是在我收入範圍以內啊，在經濟條件允許的情況下開展自己的休閒生活，難道有錯嗎？」

「我的天……你就從來沒爲自己的家庭儲蓄資金以備不時之需？」

「沒有，要是有人向我推銷保險，或許我會考慮。但我現在只有一點『勞工長期儲蓄』，實際上我一直覺得儲蓄沒啥必要。」

聽了吳英俊的話，陳有天意識到面前這個人遇到了比自己還要大的麻煩。

「那麼你現在打算怎麼辦？」

「不知道，還能怎麼辦，只剩下三個月的時間。」

吳英俊關閉了瀏覽器視窗，從座位上站起來。

「不管怎麼說你都得想辦法解決啊。」

「一切會好的，這都是命啊，你也不用太擔心。」

吳英俊還是以自己一貫的宿命論結束了這次談話。

回到辦公室的陳有天有些坐立不安，他自己也是透過拆東牆補西牆的方式戰戰兢兢地度過每月的還款日，以他這種財務狀況，一旦這種突如其來的變故發生在自己身上，後果將同樣不堪設想，陳有天絞盡腦汁也找不到應對之策，他覺得再這麼下去只能是死路一條，於是心情變得越發急躁起來，也沒有心思工作了。他胡亂地翻著桌上的資料，拉開抽屜亂找一通，以此來打發時間。

「陳有天，你不是已經買房了嗎，你怎麼也急得像熱鍋上的螞蟻？」

看著陳有天的反常舉動，張總監來了這麼一句。

「總監您認爲這是別人的事嗎？他們可都是我們的同事，我早聽說您家裡有錢，可也不該這麼事不關己吧？」

沒想到陳有天突然提高了嗓門，這使得坐在遠處的其他同事紛紛扭過頭來。

「嘿，你怎麼只知其一不知其二呢？你有沒有想過你這麼白白耗費一上午的時間會給公司帶來多大的損失？寶貴的時間就被你們這樣輕易消耗掉了，才會導致『收回員工宿舍』這種事情的發生，你要是眞想幫同事，就應該將每分每秒用在工作上，使公司的業績恢復到巔峰時期，是不是這樣呢？」

張總監的話沒錯，但是陳有天認爲這時還能說出這種話的人必定是無須爲生計犯愁的人。他撇著嘴朝走廊走去，情緒低落的他想去休息室喝杯咖啡，突然間想起文華曾經給過他馬修教授的聯絡方式。

「好吧，看來要想擺脫目前的處境，必須趕快和馬修教授見上一面！」

$ 錢都到哪兒去了？

馬修教授的辦公室位於地鐵站附近的星塔大廈，陳有天仰望掛在大堂中央的指示牌，決定先等身上的汗乾一些再上去。爲了不再忍受張總監的嘮叨，他和馬修教授約好在午飯時間見面，才剛剛六月份，氣溫卻出奇地高，從地鐵站沒走幾步，陳有天的後背就全濕透了。

從密密麻麻的指示牌中得知馬修教授工作的GBE資訊公司亞洲區分部位於大廈的十七層，在接待人員的指引下，他走進了馬修教授的辦公室。

「您好，教授，我是陳有天。」

「見到你太高興了，好久不見了，呵呵。」

儘管多年不見，馬修教授看起來還是老樣子，反而比之前顯得更爲親切，給人一種很舒服的感覺。

「您百忙之中還能爲我抽出時間，眞是太感謝了。」

陳有天為自己一直沒能拜望表示歉意，難為情地摸了摸頭。
「哈哈，可別這麼說，我現在年齡也大了，與自己昔日的學生重逢不知道有多高興呢，來，隨便坐。」
又見到陳有天，馬修教授的確很開心。
兩人相互打完招呼後，儘管陳有天內心不停在吶喊「趕快把理財秘訣告訴我吧」，但表面上還是不動聲色啜飲著手中的綠茶。
「聽說教授您還能記住我的名字和模樣，我感到很意外，因為我沒聽過您幾節課，下課也沒和您見過面。」
陳有天一不小心就將自己的糗事抖了出來。
「我怎麼會忘了你？那是我第一次也是最後一次在海外以客座教授的身分上課，沒想到上課沒多久你就和我爭論起來，搞得我有點下不了台。」
「實在對不起。」
陳有天表情很窘迫，但對於馬修教授的話卻有些心不在焉。
「不不，沒什麼可對不起的，對我來說那也是一次很好的經歷，當時你有理有據地提出了自己的主張，這給我留下很深的印象，年輕人就應該這樣，除此之外，你知不知道還有一次你也給我留下了很深的印象？」
說完馬修教授嘴角泛起一絲微笑。
「這我還真不知道，是什麼？」
陳有天感到很意外。
「是你提交的報告。」
「報告……你是說關於賺取一百萬元的那份報告？」
「沒錯，當時我在期中考試時出了這個題目，我對你那份報告印象特別深，因此總想著和這個學生單獨見面，你還記不記得你在報告的結尾是怎麼說的嗎？」
「對不起，我一時還真想不起來了。」
都已經是十年前的事了，自己怎麼可能還能記住報告結尾是什麼內容，陳有天搞不清馬修教授葫蘆裡究竟賣的是什麼藥。
馬修教授略微抬起頭，凝視著上方的天花板，似乎正努力將記憶碎片拼湊起來。
「要是我沒記錯的話，你是這麼寫的。」
生活在這個時代，從邁入社會的第一步——求職面試起，就會因家庭經濟實力的差別而分出高下，像我這樣既沒錢也沒勢的人大學畢業走向社會，很難賺到一百萬元，出身平民的人是很難掙脫貧困的枷鎖的，而富家子弟卻會越來越富有，這難道不就是資本主義的特性嗎？

「其他人都在長篇大論如何用人生第一筆財富來賺出這一百萬元，對未來充滿了希望，唯獨你卻用這種悲觀的論調作爲結束語，我當時覺得你眞是個特立獨行的學生，如果你眞是爲了拿學分，即便心裡是這麼想的，也絕不會寫在報告上。」

「聽教授您這麼一說我才想起來，不過就算是現在我仍持這個觀點。」

「呵呵，是嘛，這就讓我不放心了，大學時代還可以說是年輕人意氣用事，但工作這麼久你還抱有這種觀點，那我就不得不爲你擔心了。」

「我覺得爲了生活自己已經盡了最大的努力了，但是十年過去了，我至今還一事無成，手裡拿著的除了信用卡帳單和貸款催繳通知單以外別無他物，今天我來這兒就是想聽聽教授有什麼好的建議。」

一個能自然說到此次談話正題的機會就這麼出現了，陳有天欣喜不已，一邊觀察馬修教授的反應，一邊接著往下說：

「也許我這話說得有些過分，在當今這個環境下，要想收入達到您這種水準恐怕很不容易吧？」

「我在你這個年紀時也曾這麼想過，當時自己雖身處美國這個被戲稱爲遍地都是黃金的國度裡，我卻覺得所謂的美國夢離自己太過遙遠，你現在的想法就和我年輕時一模一樣。這樣吧，我和你說說我人生中的轉捩點，也就是我年輕時的失敗經歷？」

已經將財富和成功緊緊握於手中的馬修教授竟然也曾消極地看待這個世界，這讓陳有天十分好奇，再加上這段失敗的經歷還是他人生的轉捩點，看來這絕對是不可錯過的內容。

「算起來已經是三十多年前的事了……」

馬修教授回想起自己的往事，嗓音略有些發顫，陳有天屏住了呼吸。

「當時我感覺自己好像**困在伸手不見五指的迷宮裡，那段時間我的財務完全處於失控狀態，那是我這一生所遇到的最大危機**。在那之前工作可以讓我獲得豐厚的年薪，一切都顯得那麼美好，但是**由於理財不善，相當一部分資產化為烏有，無節制的消費也使得之前的積累成為過眼雲煙**。自從陷入財務危機後，之前的樂觀豁達的精神從我身上消失了，一種空虛無助感佔據了我的身心。而那些所謂『趁年輕就要享受人生』的愚蠢想法控制著我的思想！面對每月厚厚一疊的信用卡帳單和催款通知單我眞是束手無策。對於從來無須爲錢犯愁的我來說，此時錢對我的重要性已上升到一個前所未有的高度，我比以往任何時候都更爲迫切地需要它。」

馬修教授喝口水潤了潤嗓子，接著說道：

「當時以我的薪水水準根本無力償還那麼多的費用和債務，整個財務狀況就像漏了底的水缸一樣，到最後我和妻子只要一提到錢就會爭執不休，夫妻關係也因此出現了裂痕，抱怨和憤懣更是常掛在我的嘴邊，我始終不明白爲什麼缺錢這種事會發生在我的頭上。」

「想不到教授您還有過這樣的經歷，的確和我如今的處境極爲相似。」

陳有天聽馬修教授訴說的這段與自己的經歷如出一轍的話後，十分驚訝。

「哈哈，是不是差不多？如果眞是這樣的話，那麼我的故事對你的幫助可能比我想像中的還要大。」

「那麼教授您是如何度過這次危機的呢？」

陳有天確信馬修教授在經歷了那樣的危機後還能積累起如今的財富，這裡面肯定有什麼秘訣。

「大海中輪船如果迷失方向就很容易被四周的暗礁撞擊，甚至有可能支離破碎，財務赤字對我來講無異於輪船迷失方向。我的精神幾乎完全崩潰，我不能再工作，於是我請了長假，閉關在家，不斷反省自己身上的問題。雖然我的意志力不輸於任何人，但是在黑暗中尋找光明談何容易，後來我開車去書店買了一後車箱的書，當時我只有一個想法，那就是從中尋找到快速致富的方法或是被其他人所忽視的理財秘訣，我都不知道那時看了多少本書。」

「後來您找到秘訣了嗎？」

陳有天的眼睛開始放光，急忙問道。

「**如果賺錢是那麼簡單的事，恐怕所有識字的人都變成富翁了**，我說得對不對？哈哈哈！」

馬修教授笑了好一會兒，繼續往下說：

「雖然讀了大量的書，我根本沒有找到什麼秘訣，這些書只是讓我明白了一個事實，那就是之前的我太過無知，根本不懂如何理財，這也**直接導致了錢逐漸在我人生中佔據了十分重要的位置**。」

「錢在教授的人生中佔據了十分重要的位置？我不太明白……」

陳有天表示難以理解馬修教授話裡的涵義。

「我之前一直認爲錢不是人生的全部，也就是因爲我的這種想法，讓我沒能意識到必須由我親手來解決因錢而引發的問題，而是選擇逃避和拖延，越是這樣就越陷入泥淖中無法自拔，最後反倒讓錢變成我生活的主人，**我無法支配錢，錢卻能支配我**，至少在那件事發生之前是這樣的。」

「被錢支配的人生」，聽到這裡陳有天心頭一沉，從教授的故事發現，如果再這麼下去，恐怕在不遠的將來自己同樣也會被錢所支配。

「到底是什麼事呢？」

陳有天瞪大了眼珠，坐的位置也離馬修教授更近了。

馬修教授站了起來，慢步踱到窗前，回憶起當時情景。

在美國，汽車是人們生活的必需品，就算超貸或是拖欠了好幾個月的稅金，人們也不會輕易捨棄自己的汽車，對馬修教授來說也是一樣，他有一輛雪弗蘭的克爾維特跑車。

一個星期六的晚上，他和妻子因爲錢大吵了一架。「過日子不是得省著點花嗎？

你給你的寶貝車加油眼都不眨，怎麼就不知道讓你的家人吃飽穿暖呢？」

「妳說什麼？要是讓別人聽見了，還以爲我是一個讓全家人挨餓的不負責任的男人呢，你怎麼能說出這種話，唉！」

馬修奪門而出，砰的一聲關上房門，開著那輛克爾維特就離開了家，爲了釋放一下抑鬱的心情，驅車開上高速公路。

「看來只有你最能瞭解我的心情，飛奔起來吧，我的寶貝跑車！」

下了高速公路，進入靜謐的鄉間公路後，馬修乾脆將車速加到了最大，在公路上狂飆起來。

「咦，今天天氣這麼差？本來心情就不好，怎麼天氣也陰沉沉的……」

就好像猜中他今天心情不好一樣，一場二十年罕見的大雪就這樣下了起來，恰巧此時汽油也快耗盡，車子最終在離下個加油站還有幾公里處拋錨了，雪還在下，馬修教授被困在鄉間公路上動彈不得。

「難道就這樣坐著等死？要不徒步走到最近的農莊？不行，我不能把我的克爾維特就這麼拋在路邊。」

他決定等待過路車，但是在這種人煙稀少的鄉間公路上車輛極少，即便偶爾過來一兩輛車，由於漆黑一片，司機也不會輕易將車停下。

隨著時間的流逝，寒冷和恐懼也在一點點地放大。

他的內心雖然還在高喊「克爾維特就是我的自尊心，絕不能拋棄」，可身體卻從車裡出來，朝著家的方向走去，離車子漸行漸遠，他又聽見自己內心響起這種聲音：

「對，幹得好，首先得活下去，要車子有什麼用，看，扔了車子不照樣能活嘛，爲了家人和我自己，我必須活下去！」

他就這樣沿著公路一直走，直到第二天清晨才到家。一見到妻子，馬修就將她抱在懷裡抽泣起來。

「對不起，親愛的，我們之所以面臨這麼嚴重的財務問題，全是我一手造成的，要怪就全怪我吧！」

故事講完後，馬修教授的臉上露出輕鬆的笑容。

「您想表達的意思是只有扔掉跑車才會有轉機？」

「哈哈，年輕人理解得就是快，以前這些亮麗光鮮的外表一直束縛著我。」

「但這並不代表您在領悟到這點後，所有的問題就能迎刃而解啊！」

事實的確如此，拋棄了一些浮華的東西並不能立刻解決財務上的問題，陳有天多少有些失望地問道。

「當然是這樣，但重要的是，我不會再將我的財務問題怪罪他人，我要對我家庭的財務問題全權負責。從那時起我就立下了這麼一個決心，之後我也是這麼做的。實際上發生那起事件後，我回到家做的第一件事就是把車賣掉，那輛車可是我的心肝寶貝啊，在這之後我杜絕了所有超出我能力範圍的消費。」

馬修教授還在講述自己的經驗之談，這時從外面傳來了敲門聲，秘書對馬修教授低聲耳語幾句，馬修教授點點頭，示意秘書先出去。

「哎呀，實在不好意思，突然來了一位客人，我們今天只能先說到這了。」

「沒關係，非常感謝您能抽出寶貴時間。」

話雖這麼說，陳有天內心卻感到十分遺憾，因爲此時教授正要說到重點，沒想到就這樣被打斷了。

「看你的表情好像有些意猶未盡啊，這樣吧，我看了一下行程表，下週六晚上我有空，你可以來我家一趟？實際上我也還有一些話想對你說。」

聽了馬修教授的提議，陳有天的臉上重現笑容。

「當然可以，教授。」

兩人約好了見面的時間和地點，在回來的路上陳有天感到腳步格外輕鬆。

「心想到了下週六我就能解決目前的財務問題了。」

要成為錢的主人而不是錢的奴隸

從將漢江景色盡收眼底的窗戶望出去，外面豔陽高照，坐在太陽椅上的馬修教授望著窗外，十分悠閒。

馬修教授端起茶杯，小啜一口後說道：

「你也嚐一嚐，這是朋友從中國帶來的好茶，味道稍苦了一點，但對身體很好。產量極少，爲了這茶，我朋友還費了一番功夫呢。」

獨特的香氣刺激著陳有天的嗅覺，喝了一口盛在陶瓷茶具裡的茶，滿嘴都是苦澀，但流過喉頭後，一種清爽微甜的感覺就迴盪於唇齒間。

「對於茶道我是個門外漢，但是這茶細品起來有種神清氣爽的感覺。」

「我是在十年前開始接觸茶的，後來就慢慢地迷戀上了茶道。」

兩人品著茶，一時都沒說話。整齊擺放在房間內的古董家具泛著亮光，窗框和客廳地板用的是檜木材料，雙層客廳更顯主人的品味，窗戶那邊修建了一個庭院，園藝工此時正在幹活，陳有天無意中發現這名園藝工已經上了歲數，在鋪著白色小石子的路上來來去去，修剪著庭院裡的樹木。

過了一會兒，馬修教授放下茶杯，開口說道：

「你是怎麼看待錢的？**錢是好東西，還是壞東西**？」

「……」

平生第一次聽到有人這麼問，陳有天竟一時語塞，一直以來他在學校學的是行銷學和經濟學，上班後也經常和錢打交道，但從來沒有考慮錢自身的價值，他的大腦並不能很快給出一個明確的答案。

「是不是我的提問太單刀直入而無法回答？別想太複雜了，結合一下你的經歷，談談你對錢是怎麼看的。」

「我認爲錢雖然不可或缺，但另一方面它也會給人們帶來不幸，錢讓人們出現階級概念，還會引發爭鬥和仇恨，這沒錯吧？實際上我對錢好像一直沒有什麼幸福的回憶。」

無論是童年還是現在自己的生活都一直爲錢所迫，所以在陳有天看來，錢並不是個好東西。

「哈哈，很多人都和你一樣，一提到『錢』腦子裡浮現的都是消極的東西，就是因爲這種記憶讓人們產生了對錢的偏見，只要一提到『錢』心理上就會感到不適。當現實生活中出現經濟問題時，也不會積極面對，而是一味選擇逃避，最終一輩子都無法從中擺脫出來，到頭來錢反而成了主人，人反而成了錢的奴隸。」

「錢成爲人的主人意味著什麼？」

「錢是人的主人與人是錢的主人是完全不同的兩種情況。**我們是錢的主人時候，可以實現夢想，可以過上幸福的生活**；可當錢成爲人的主人時，情況就完全不同了，這樣的生活會讓人們拋棄所有的希望和夢想，工作的目的就是爲了賺錢，生活的一切也都圍繞著錢，自己不再期待未來的經濟收入會發生變化，認命於命運的安排，過著被動的生活。由於這種被動和宿命，在對待錢的態度上，人們常常會給自己的經濟實力劃定一個界限，隨後便會安於現狀，對待收入會說『我不論多努力也就只能賺這些錢了』，對待支出會說『這點錢都不花，算是過日子嗎』，是不是這樣？你同不同意我的觀點？」

聽完馬修教授的這番言論，陳有天點了點頭。

「你剛才說了這麼多，我對其中的大部分還是比較認同的，我的確能感受到自己的**收入和支出存在著界限**，但是我不同意這種界限是由自身所劃定的觀點。事實上，無論自己再怎麼努力，收入都超不出目前的水準，這是我必須面對的現實，無論再怎麼節省，支出也很難降到家庭正常開銷以下，只是讓我傷心的是，我的開銷和別人差不多，爲什麼財務危機偏偏就落在我一個人的頭上，周圍和我收入一樣的人，換了好車，偶爾還會和家人外出旅行，活得比我輕鬆瀟灑，這是怎麼回事，照我看來，他們早就該陷入財務危機了。看著我每月信用卡的帳單和各種貸款，我覺得我的生活眞的已經沒有希望了，做什麼都無濟於事了。」

「你說得不對，現在還爲時未晚，要是眞的晚了，你我坐在這裡談話就沒有任何意義了，你之所以有這種想法，恰恰證明你還沒有從被動的生活中走出來，你應該立即打消這種爲時已晚、無濟於事的消極觀念。」

陳有天的內心仍糾結得很，現在無論自己再怎麼高喊「**沒錯，一點都不晚**」，但只要不是天降橫財，他都無法改變自己面臨著財務危機這一事實。

馬修教授注意到陳有天憂鬱的神情，又對他說：

「你有沒有聽過『貧困是種慢性病』這句話？**如果從一開始就接受了自己貧困的命運，之後將很難再翻身**，認爲這是命運而不與其抗爭的人最初覺得出身貧寒是件很丟人的事，但慢慢地就會接受這個事實，並學會如何在生活中去適應它，當問題出現後，便會習慣性地認爲這是周圍窘迫的環境所造成的，不再努力。」

「貧困的確是我們要消除的對象，我們不能設法去適應它，而要努力去擺脫貧困。」

現實卻是富裕的人會越來越富，貧窮的人會越來越窮，比起出身貧寒的人來，那些富家子弟成爲富人的機率要高得多。陳有天漸漸地對教授的話產生了怨氣，他認爲那些富家子弟就算不努力，也照樣可以擁有高級轎車和別墅，閒暇時間還能去海外打高爾夫。

「哈哈，看來你對錢的態度還眞夠消極啊，如果你不能擺脫這種消極觀念，它就會長期存在於你的潛意識中，這就注定了你的財務將會發生危機，換句話說，這種財務危機是你自身所做出的選擇。」

「這麼說，教授是認爲我這種對錢的消極態度造成了我目前的財務危機？」

陳有天克制住心中的怒火，向教授問道。

「你對錢的這種消極態度堵住了錢的流通管道，**出身貧寒並不丟人，向命運屈服才眞正丟人**，你要想過上富足的幸福生活，就必須承認錢是美好的也是必需的，自己要打心底希望過這種生活，並堅信美妙的人生正在等待著自己，還要建立一個更大、更具進取心的財務目標。」

馬修教授從座位上站起來。

「老坐在這裡有些悶得慌，我們出去走走吧。」

富有還是貧困取決於你自己

不遠處的漢江水緩緩流淌，在這樣的庭院裡散步的確是種享受，儘管豔陽高照，但樹蔭底下仍有微風拂來，陳有天默默地走在馬修教授的右邊。

「怎麼樣？這裡挺涼快吧？」

「教授，我還是有些模糊，你的意思我似乎都懂，但具體該怎麼做我還是不明白，腦子一片混亂。」

「首先你要承認這樣一個事實，**你目前所遇到的財務困難是你自己一手造成的，你目前所擁有的財富都在你為自己所設定的範圍之內**。」

停下腳步望著江水的馬修教授轉過頭來，盯著陳有天的眼睛。

「這麼說沒道理吧，誰會選擇貧困或財務困難？反正我從來不會希望自己陷入這種困境。」

陳有天堅決不同意馬修教授的話，將腳下的小石子踢了出去。

「呵呵，是嗎？看來你比我想像中要頑固得多，那我就試著再給你詳細解釋一下。首先有一點你誤會了，那就是**願望和選擇是兩個東西**，你是不是不希望上面的那種情況發生？這只不過是你的願望罷了，在現實生活中你所做的選擇恰恰與你的願望相反。我之前要表達的意思就是你必須承認這一點，你現在所面臨的財務狀況，是受你之前的想法和觀念影響下的種種選擇匯聚而成的結果，對此你難道不承認嗎？」

陳有天啞口無言。

馬修教授拍拍陳有天的肩膀，接著往下說：

「大部分人都不敢正視錢的問題，接受現實是一件很痛苦的事情，於是乎人們便想逃避，安於現狀，這就像是一個人身上長了膿瘡卻置之不理，到了最後會怎樣？等到膿瘡破爛那一刻所要承受的痛苦會遠遠大於因治療所帶來的痛苦。如果不正視自己的財務狀況，情況就極有可能發展到不可收拾的地步，因此我們必須在這之前承認我們的身體長有膿瘡，並下定決心對其治療。」

馬修教授停頓了一下，觀察陳有天的面部表情。陳有天的面色仍然很凝重，俯視著下面的景色。

「怎麼樣？還想不想再聽下去？看你的表情似乎對我的話有些反彈情緒……」

「說老實話，比起深究我對錢的價値觀以及我對財務危機所負的責任，我更想知道您是否能透露一些獲得收入的秘方，如果我在經濟方面寬鬆一些，我肯定就會以一種更積極的態度來對待金錢。」

陳有天等了好久，總算鼓起勇氣說明了自己的本意。

「哈哈，怎麼你還不明白我的意思呢，說得難聽點，就算我現在向你介紹了某個投資產品，你從中獲得了很大收益，但過不了多久，你所失去的錢肯定會比你得到的還要多。要問爲什麼，就是因爲你不懂得如何成爲錢的主人，妥善管理好自己的錢財。」

說到這裡，馬修教授示意園藝工過來。拔了好長時間的雜草，此刻正在樹蔭下休息的園藝工走到了兩人面前。

「老闆，我在那邊拔草，太熱了所以就暫時……」

園藝工一見馬修教授就連忙解釋道。

「呵呵，沒關係，實際上我想和你說幾句話，順便讓你休息一下。我問你，上次你所擔心的小兒子的註冊費解決得怎麼樣了？」

「唉，別提了，眞不知道錢這東西都躲在什麼地方了，我和我老婆累死累活也賺不到什麼錢，這個社會怎麼變成了這樣，錢都被那些有錢人緊緊放在了口袋裡。」

馬修教授剛一問完，園藝工便口沫飛濺地發表了一堆感慨。

「看來還挺棘手，但你現在應該去想辦法解決你兒子的註冊費啊，**光是埋怨社會有什麼用呢，誰也不會把錢扔在你的懷裡，無論是誰，如果想從財務困難中走出來，第一個階段就是先承認是自己的責任，不能怪罪於任何人，沒有錢、錢不夠、財務遇到困難……**之所以出現這些情況，就是因爲之前在對待錢這一問題上沒有履行好自己的責任。據我瞭解，你的薪水加上你太太的超過了八萬元，如果事先爲家中小兒子的註冊費做好預算，每月再存上一些，恐怕今天也不至於面臨這樣的困境。」

馬修教授在語重心長地說出這番話的同時，視線在園藝工和陳有天兩人之間來回遊走。每當視線移到自己身上，陳有天都會迅速躲開。

「哎，我那個小子，他自己的人生他自己看著辦吧，上不上大學由他自己來決定，要是上大學得打兩份工，這樣的大學上著還有什麼意義？他又很會花錢，還喜歡喝酒、買衣服，我也不是吝嗇的人，平時也不怎麼說孩子，現在的年輕人實在是太不像話了。」

園藝工歎了口氣，接著說道：

「到了我這個年齡，面子上至少要過得去，去年我就乾脆貸款買了一間三房一廳的房子，後來才發現一個月的利息可眞不少，再加上我老婆非要買玉石床，說躺在玉石床上才能睡著覺，其實她是在別人家看見了玉石床，覺得上面熱呼呼的，所以就產生了這麼個念頭。我們也上了年紀，擠地鐵和公車都不方便，所以我們自己開車，費用一下子又增加不少，可是又有什麼辦法呢？就算欠債也得讓自己舒坦啊，是不是這樣，年輕人？」

園藝工拍了一下陳有天，想讓他也認同自己的觀點。

「沒……沒錯。」

一想到自己的財務狀況也亮起了紅燈，陳有天不由得長歎一聲，突然間他似乎明白了馬修教授把園藝工叫來這兒的原因。

「教授，假如我已經認識到必須對自己的財務狀況負責後，接下來我要做什麼？」

陳有天滿懷期待地望著馬修教授。

「你要是眞認識到自己要對目前的財務狀況負責，你就會堅信未來的財務狀況會因爲你的意志和選擇而大不相同。**在對待錢的態度上，如果你選擇了信任，你的潛意識就會將你的財務狀況引向一個正確軌道，想獲得更多的錢，就要先和錢建立起親密的關**

係，你覺得呢？」

馬修教授的話一說完，園藝工說自己還要去拔草，便從座位上站起，看著園藝工離去的背影，陳有天不由得心生一絲憐憫。

通往財務自由的第一步——對錢負責任

在陽光的照射下，溫度越來越高，兩人重新回到馬修教授的書房。

「怎麼樣，在你看來，我們家的園藝工是錢的主人呢，還是錢的奴隸？算了，我還是直接問你吧，你覺得你是錢的主人，還是錢的奴隸？」

「錢的奴隸」這句話聽起來讓人很不舒服，但陳有天決定在馬修教授面前將自尊完全卸下，把最眞實的自己展現出來，這樣他就能期待馬修教授給出更有針對性、更容易操作的方案。

「按教授的話來看，現在的我更接近於錢的奴隸，因爲我整日被各種債務糾纏，但是等哪天我也有了很多錢，我就能成爲錢的主人。」

「你這麼想還是有問題，**錢的多少並不能決定一個人是主人還是奴隸，而是看你能不能下決心不讓自己的生活被錢所控制，努力去控制錢，有這種決心的人才能成為錢的主人。**」

「去控制錢，這句話具體是什麼意思？是不是說要知道資金的漏洞在哪，從而對其進行控制？」

「控制錢就是說不讓錢在自己的生活中佔據非常高的位置，我們需要在錢的問題上負起責任。越是沒錢，錢在生活中所佔的位置就越高，錢就會反過來成爲主人，你承不承認幾乎所有的人都經歷過財務上的困難？財務成功和失敗的分水嶺就在於如何看待和應對所面臨的財務問題，它的重要性要大於『發生了什麼樣的財務問題』這件事本身，將財務問題視爲自己要解決的問題，積極地去面對，將自己的責任全部履行到，這樣在你的面前就會出現無數個在財務上獲取成功的機會，**抓住了機會生活就會出現轉機。如果將其視為命運的安排，選擇逃避，財務狀況自然不會得到任何改觀。**」

馬修教授勸告陳有天若是眞想實現財務上的獨立，回到家後就趕緊行動，**第一步就是在紙上寫出「需要錢的理由，也就是你希望用錢來實現什麼願望」，將需要錢的理由寫出後，就能準確地知道自己將來要做什麼，想擁有什麼，想成為什麼樣的人。**

馬修教授從桌上抽出一張紙，親自示範起來。

十年後我要——

給全家一個有庭院的房子。

不用爲錢煩惱，沒有任何債務。

退休後有能力幫助別人。

讓子女能夠得到他們所希望的教育。

爲了喜歡的事情做決定時，不會被錢所左右。

「看了這些願望後，你有何感想？想不想實現這些願望？是否還悲觀地認爲錢會讓人毀滅？你所寫下的這些願望告訴了你爲什麼需要錢，也是你爲之奮鬥的動力，讓你從中明白一點，要想眞正實現這些目標，錢是必要之物，這樣你才能重新用一種積極的觀點來看待金錢。透過這些願望，你對於錢有了不同以往的感情，對未來也充滿期待，不用太長時間，你就會發現自己正在一步步接近這些願望，當然無論是怎樣一種選擇，決定權在你，**經濟上是否成功其實在你做出選擇的那一刻就注定了。**」

「好的，我明白了，我一定聽從您的教誨。」

不知不覺中，陳有天內心的某個角落已經在高喊：「錢是不可缺少的，錢是美好的，錢是珍貴的！」

「不過要做的事還不止這些噢，**光靠決心還是無法保證財務的自由。**」

「那還要做什麼呢？」

實際上，比起下決心和表態，陳有天更期待著從馬修教授那裡得到實際的操作方針、理財方法。

「我之前說過，要想過不用為錢擔憂的幸福生活，最重要的是本人要對錢負起責任，**對錢負起責任的出發點是要準確地瞭解『我擁有多少資產，如何去賺錢，錢花在哪裡以及投資在哪裡』，然後再通過計畫來付諸實施，這是實現財務自由所要進行的第一個步驟。**」

「可事實上，我周圍很少有人會制定一個詳細的財務計畫，因為進來出去的錢無非是那麼幾項，為此專門制定計畫是否多此一舉？」

陳有天想起了自己每到元旦時就會下決心「今年一定要記家庭帳簿」，可沒過多久就三分鐘熱度放棄了。

「呵呵，這眞是不幸的事啊，有不少的成年人能將自己的衣櫃整理得井井有條，他們知道自己的衣櫃裡有多少套衣服，缺少哪些衣服，卻不懂得理財，不關心自己的資產是多少，今後還將需要多少資金，如果你也忽視了對自己資產的管理，那麼就要立刻改變現狀，要想將錢牢牢控制在自己手中，這是絕對必要的一步。」

陳有天不住地點頭。

「就像我們愛惜自己的身體，會定期體檢一樣，在對待錢這一問題上，我們也要掌握目前資產的狀況，並對其中存在的問題進行診斷和治療。我們現在開始，你在這張白紙上條列出你的資產和負債目錄，之後再用總資產減去負債，計算一下你的淨資產爲多少。」

不正確的購屋屬於「消費財」，非投資

馬修教授將紙和筆遞給陳有天，看到陳有天猶豫不決的樣子，馬修教授補充了一句：「還不動筆，在幹什麼呢，你這傢伙，你知道我一個小時的諮詢費是多少嗎？」

「咦？」

聽見馬修教授提到了費用，陳有天瞪大了眼睛。

「哈哈，看你表情這麼嚴肅，和你開玩笑的，我這輩子就當過一個學期的老師，教了你們這幾個學生，我看起來像是向學生收取費用的人嗎？」

陳有天開始填寫起紙上的表格，將自己的資產目錄和負債都羅列出來，馬修教授叮囑他在填寫資產目錄時，要以現在的市場行情來評估資產，負債必須一個不漏地全部列出來，陳有天感到有些模糊的地方就請教馬修教授，沒想到填寫一張表竟花費了不少時間。

「你把自己的財務狀況都列出後，現在有何感想？」

馬修教授看了陳有天塡好的表，這樣問道。

「我覺得負債種類比我想像中多了很多，原來我以爲信用卡欠款不算是負債，但教授您說必須也將其包括在內，老實說，我對這個結果比較吃驚。」

看著自己的負債目錄，陳有天一聲歎息。

「你不是總感覺錢不夠用嗎？現在你看了這張表後，明白其中的原因了吧，你要爲這一千零九十萬元的貸款每年支付百分之二，也就是幾乎三十一萬元的利息，折合到每月就是接近二萬六千元，這絕不是個小數目……光利息就二萬六千元，要是再算上本金償還，你每個月的開銷眞是不得了。」

「……」

以前一直嘟囔著匯到帳戶的薪水怎麼還沒到手就幾乎不見了，聽了馬修教授的解釋後他恍然大悟。

資產		負債及淨資產	
房屋	12,000,000	房屋抵押貸款	10,000,000
汽車	800,000	汽車分期貸款餘額	300,000
股票	500,000	信用貸款	500,000
儲蓄	200,000	信用卡欠款	100,000
		負債合計	10,900,000
		淨資產	2,600,000
資產合計	13,500,000	負債+淨資產	13,500,000

「再看一下你的資產目錄，看得出住屋是你的最大資產，你現在就住在這個房子裡吧？」

「是的，兩年前房價上漲時買的，可後來房價並沒有漲到我們的預期值，相反貸款利率卻在不斷上漲。」

馬修教授抽出一支紅色的筆，將資產目錄那一欄的「房屋一千兩百萬元」劃去。

「從現在起你認眞聽我說，你最好將個人居住的房屋從資產目錄中劃去，房子不可以作爲一種未來投資，當然房價可能會暴漲，從而給你帶來差價利潤，但是**將自己居住的房屋作為投資對象，這是一種十分危險的想法，因為你如果選擇透過房屋差價來實現自己的夢想，你將很難再進行其他方面的投資。**」

「但是好多專家不都說投資房地產是理財的首選嗎？」

陳有天確信這次道理在自己這邊，用強硬的口氣反駁道。

「我並沒有說購屋是個錯誤，而是勸你不要將自己的住屋列入你的資產，當然我也不是讓你賣掉現在的房子，房子爲你一家人提供了溫暖的居住場所，擁有一間與自己財力相匹配的住屋是一件非常好的事，但是，你不能將其視爲賺錢工具，指望它會給你的未來帶來希望，你反倒要認清到目前爲止你的房子還是一個會產生費用的資產。」

馬修教授認爲居住在屬於自己的房子裡，全家人的幸福感會更強烈，心理上也會更安定，但是如果購買的房屋超過了自己的承受能力，所要付出的代價就是高額的貸款利息、稅金和維護費，**表面上看起來擁有一間住屋是一種投資，但是細細一分析，這項投資其實是一種最大的奢侈**。

「在現實生活中，你有沒有這種體會，當自己擁有一間住屋後，由於沒有了更多閒置的資金，基本上就很難再進行其他的投資。一般情況下很多人在貸款買房時都會將自己的未來收入也計算在內，這樣一來自然就拿不出多餘的錢再進行投資，稍有不愼便會淪落爲房奴，每天都要努力工作來還債，一生便這麼蹉跎了。」

「但是擁有一間住屋是我人生中十分重要的一個目標啊。」

陳有天沒有聽進去馬修教授的說明，繼續堅持自己的觀點。

「我說你這個人，怎麼和你說好呢？再說一遍，你可別混淆了，我不是讓你別買房子，也沒說過房價會下跌，是否購買住屋，購買多大面積的住屋，這些都完全取決於你個人的選擇，只是要記住關鍵一點，你要想改善自己的財務狀況，在計算資產規模時最好把房子從資產目錄中劃去，因爲我見過太多的人抱著投資目的來購屋，結果反而在財務上被束縛了手腳。」

「好了，我明白了。」

事實上抵押貸款佔據了房價的百分之七十以上，因此現在也不能說房子就完全歸屬於自己，陳有天不得不接受馬修教授的觀點。

馬修教授皺了皺眉頭，又用紅筆將汽車從資產目錄中劃去。

「我讓你把現在住的房子都從資產目錄中劃去，更何況汽車這種奢侈資產？它的確是能讓你產生幸福感的奢侈資產，但你擁有房子和車子就等於背負了兩個債務。還要注意一點，房子和車子可以從資產目錄中劃去，但卻不能從負債目錄中劃去，因爲這些是無論如何你都必須償還的債務。」

負債，憂慮的根源

馬修教授停頓了一下，仔細審視著陳有天的資產負債表。

「債務實在太多了，以我的經歷來看，人們之所以會爲錢而擔憂，大部分都來自債務，有了債務後便會有利息，而利息又會產生新的債務，於是債務就成爲一個惡性循環，由於自己克制不住對物品的佔有欲，債務便會找上門來。」

「但是我看過報導說債務也是一種非常好的賺錢手段，應該是叫做『槓桿效應』吧？」

陳有天想表達的意思是，他雖然承認債務有消極的一面，但如果加以靈活運用，也能產生出積極的效果。

「不，絕不是這樣，這是一種錯誤的觀念，這是我生活這麼多年，透過觀察所得出的結論。**運用債務的槓桿效應的確能獲得很多利益，但是債務同樣還會帶來損失，所以我們不能將運用債務的投資完全看作是正確的投資，它也許能在短時間內透過債務獲**

取利潤，但是將時間段放長後，你會發現它帶來的往往都是虧損。好吧，那我就按我的標準再重新整理一下你的財務狀況。」

「不算房子和車子，加上退休金後，資產僅有一百二十萬元……算上債務，你的淨債務達到了九百七十萬元，這眞是太可怕了。」

雙手緊緊抱住腦袋的陳有天以一種難以置信的表情抬頭看著馬修教授。

「我之所以做這些，是想幫你面對現實，從而爲自己的未來做好準備，你是怎麼想的？有沒有想過你的財務狀況會這麼糟糕？」

「這的確比我想像的要嚴重得多，這段時間我也一直被錢的問題所困擾，看來自己之前還是沒有找到問題的根本啊。」

兩人說到這裡，陳有天感覺比見馬修教授之前自己胸口又多壓了一塊大石頭。

資產		負債及淨負債	
退休金基金	500,000	房屋抵押貸款	10,000,000
股票	500,000	汽車分期貸款餘額	300,000
儲蓄	200,000	銀行信用貸款	500,000
		信用卡欠款	100,000
		負債合計	10,900,000
		淨負債	(9,700,000)
資產合計	1,200,000	負債及淨負債合計	1,200,000

「但這不過才是開始，之前我也說過，這只是第一步。不要懊惱，至少這比什麼都不知道，等發生更大的危機而陷入絕望之中要好很多吧？雖然目前還看不出有立即解決這麼大債務的方法，但是你已經清楚地知道了自己的負債情況，這本身所具有的意義我想你現在已很明白。」

馬修教授看了一下手錶，從座位上站起來。

「時間過得眞快，我還有好多話想對你說，可我還有工作安排。你大老遠來我家，連飯都沒招待，眞是不好意思。」

「哪裡的話，我今天從教授這裡學到了不少東西，就算不吃也不會餓，因爲肚子裡全是受教的建言，我從哪兒還能聽到這麼寶貴的意見？更何況還是免費的。」

「你這麼想我就放心了，那麼下次我們在辦公室見吧，我調整一下行程，不用多久我們就可以再次邊品茶邊聊天了。」

回家的路上，陳有天的內心有一半被今天所確認的巨額債務完全嚇到，另一半則是下定決心要從現在起好好把握自己的人生，挺起胸膛勇敢地面對生活，雖然自己的面前還沒有一個明確的解決方案，但是他確信自己已經走在了通往希望的道路上。

Chapter 3

$

專家教你認清現實，各個擊破

進行超出自己能力的消費就如同酒後駕車，十分危險。

財務上要想獲得自由，首先得擺脫債務。

債務是影響你生活品質的最大殺手，

必須克制自己欠債也要消費的欲望。

張家誠倒下去了

快到下班時間了，陳有天的手機響起來，是在衝浪俱樂部擔任總務的王志海打來的，陳有天開始猶豫接還是不接，自從上次和馬修教授見過面後，他就決定減少不必要的開支，因此已經連續好幾個月都沒參加俱樂部的活動。在同一家公司上班的吳英俊也因退還員工宿舍而傷透了腦筋，於是他們就缺席了俱樂部的活動，要是在過去，無論什麼時候只要有活動，他們都會不遠千里地跑去，但今時不同往日。電話仍在不停地響，陳有天只好拿起手機，按了接聽鍵。

「有天，我是志海，怎麼不接電話啊？」

「不好意思，剛才比較忙，有什麼事嗎？」

「家誠兄住院了。」

「什麼？」

本以爲又是囑咐自己一定要參加這次活動的電話，所以陳有天腦子裡一直在想該找什麼藉口搪塞，沒想到傳來的竟是張家誠住院的消息。

「說是肺癌。」

「不可能吧？家誠他身體多棒啊，上次我們見面時他還精神奕奕呢，怎麼會得肺癌……」

陳有天不敢相信張家誠得了肺癌的事實，因爲幾個月前他還生龍活虎地玩著衝浪呢。

「誰說不是呢！肺癌很難在早期被發現，因此常常會錯過最佳的治療時間。」

王志海提議俱樂部的會員們都一起去醫院探望張家誠。雖然已到下班時間，但陳有天手頭上的工作還沒做完，因爲分公司的客服中心將於十一月搬遷，不斷有電話打到辦公室，看來這次鐵定要錯過約定時間了。

忙完工作，陳有天匆匆趕到醫院，俱樂部其他會員已經結束了探視，正準備離開，陳有天與好久未見面的會員們打了招呼，快步來到病房，發現張家誠已經入睡，他的妻子就守在他的病床邊，見到陳有天滿懷歉意地說道：「今天接待了太多訪客，他有些疲勞。」

「您辛苦了，哥哥身體這麼好，怎麼會得癌症呢，他一定會好起來的。」

陳有天的話語中流露出幾分擔心。

「已經是第三期末了，由於開始往周邊擴散，醫生說要採用手術和化療並行的療法……」

張家誠的妻子說到這裡有些哽咽，陳有天勸她先吃點東西，他坐在床邊看著消瘦的張家誠，心如刀割。

不知過了多長時間，張家誠挪了挪身子，睜開了眼睛，看見坐在一旁的陳有天後，有氣無力地說道：

「喔……你過來啦。」

「哥哥，這是怎麼回事呀？」

陳有天一把握住張家誠的手，關切地問道。

「現在怎麼回事已經不重要了，這麼忙還讓你大老遠跑到這裡，眞是過意不去。」

「客氣話你就別說了，我來看你是理所當然的。」

「不管怎麼說，還是謝謝你的關心了。」

張家誠想從病床上直起身子。

「哥哥，別起來了，就這麼躺著吧。」

「不是，今天躺了一天，快悶死了，你過來扶我一把。」

陳有天托起張家誠的後背，幫他直起了上身。

「嗯，現在舒服多了。」

「等做完手術身體好了後，你眞該把煙給戒了，我們俱樂部的人煙抽得太厲害了。」

陳有天想讓他相信一切都會變好的。

「我身體好了後還能幹什麼？那時的家還叫家嗎？」

張家誠鐵青著臉，說了一句莫名其妙的話。

「咦？你這話是什麼意思？你們夫妻還有什麼好擔心的，你們可是我們這些上班族的偶像啊，夫妻關係這麼和睦，孩子們又長得活潑可愛，你這麼說沒有道理啊。」

沒等陳有天把話說完，張家誠就長歎一口氣，臉朝著窗外，慢慢地訴說起自己的故事。

在國外設計公司上班的張家誠和在大公司工作的妻子羅美麗，兩人年紀輕輕就拿著高額年薪，一直是周圍朋友羨慕的對象，他們結婚不久就買了一輛中古轎車，雖然這輛車稍微超過了他們的預算，但是他們更在乎的是眾人投來的豔羨目光，他們就這樣帶著祝福度過了幸福的新婚時光，等到有了兩個孩子後，他們就更賣力地工作。

「老公，孩子們漸漸地都大了，我們換一個大房子好不好？孩子們現在也需要自己的房間。」

「這個嘛，現在房價一直在飆升，房租也跟著在上漲，要想換一個大房子得從銀行貸款啊。」

張家誠和羅美麗兩人琢磨了半天，最後決定貸款買間更大的房子。

「就這麼決定了，雖然現在房價這麼高，但是買房子也是為今後做打算，也算是一種投資吧。」

搬完家後，羅美麗又慫恿張家誠為新家再添置一些高級家具。

「家裡的家具已經用了五年了，我特別想在造型優雅的歐式餐桌上喝咖啡，老公你要是坐在進口真皮沙發上讀報紙，也肯定更有派頭。」

「好吧，既然已經貸款了，這個家該怎麼佈置妳說了算，趁這個機會我也換輛大一點的車，男人必須有輛好車，這樣才更容易得到別人的認可，對不對？」

羅美麗爲丈夫的想法拍手叫好，隨後便挽著張家誠的手臂，一起去商場選購。

「感覺這下子眞的變成有錢人，太棒了，老公，你眞好。」

買完新的家具和家電後，在回家的路上，羅美麗開心地向丈夫撒著嬌，一臉幸福的表情，看著妻子的高興模樣，張家誠說自己還要辦幾張信用卡，準備把所有東西一下買齊了。

之後他們便忙著招待親戚朋友來參加自己的喬遷宴席，當人們投以羨慕的眼神時，他們的幸福感便更強烈了，在所有人的眼中他們是天造地設的一對。爲了讓自己的生活更顯品味，他們專買名牌的東西，還瘋狂地迷上了網上購物和電視購物，人們被他們的開銷和表象所迷惑，羨慕地稱他們爲「一對家庭事業雙豐收的夫婦」。

但是他們的幸福生活並沒有維持多久，他們用貸款、分期付款和信用卡借貸裝扮起來的有錢人形象，被他們所欠下的債務擊得粉碎，更甚的是被他們寄予厚望的房價並沒有上漲，這一切都令他們陷入極度不安之中。

「老公，這可怎麼辦，今天銀行來電話說貸款期限到了，要我們按抵押利率的下降差額來支付本金，你還有沒有其他的存款?」

「我哪裡還有什麼存款?我們光是指望著房價上漲，這些年來錢可沒少花。」

張家誠沒再說話，妻子明明知道他們兩人的月薪根本無力負擔這些債務和消費，卻還問自己有沒有別的存款，這讓他很是惱火。商量了半天，兩人決定將退休金先拿出來救火，但事情至此並沒有結束。

「哥，你就再幫幫忙吧，你妹夫現在到了危急時刻了，哥你就再幫這一次，行不行？」

張家誠的妹妹是為她丈夫的企業貸款擔保來的，三年前，他妹夫辭了工作開始做生意，在妹妹的央求下，張家誠背著羅美麗借給她一百萬元。事情還沒結束，妹妹又為擔保的事哭著找上門來了。

「我現在也很困難，上次我背著妳嫂子借給妳一百萬元，就讓我很為難了，怎麼這次又要我來做擔保？」

「哥，我不求你還能求誰？你畢業於名門大學，有個很好的職位，過著旁人羨慕的生活，所以我也只能找你，這是最後一次，絕不會有下次，行不行？哥……」

看著妹妹哀求的眼神，張家誠的心開始動搖了，想了好幾天，他背著妻子在擔保書上蓋上了自己的印章。

幾天之後……

「老公，這是怎麼回事？」

羅美麗突然給正在公司上班的張家誠打來了電話。

「怎麼了，什麼事？」

羅美麗查薪水存摺時發現薪水比以前少了一半，於是打電話來詢問，羅美麗問他是不是寫給他妹妹的擔保書有什麼問題，一聽此言，張家誠火冒三丈，稍早之前家裡來了一張催繳單，羅美麗發現了丈夫私自給妹夫做擔保的事情，兩人已經爲此大鬧了一場。張家誠讓羅美麗不用管了，交給自己來處理，隨即便掛掉電話，他實在也想不出自己所寫的擔保書有何問題。

張家誠急忙給妹妹打電話，可她的手機關機了，給家裡打電話也沒人接，給妹夫打電話也同樣接不通。

「這些傢伙！」

聯繫不上他們使得張家誠的火氣更大，但也沒有其他辦法。他急忙跑到財務室，想瞭解一下自己薪水被扣留的情況，負責會計事務的陳主任正好在那裡，張家誠趕緊說明了自己的來意。

「你不來我還準備和你說呢，總監，我只是得到通知說你的薪水被扣留了，具體什麼原因不太清楚，但你可得謹愼些……」

「不會吧，連扣留提前通知書都沒有，這也太突然了！」

張家誠算是領教到了債務追討的厲害，誰知屋漏偏逢連夜雨，陳主任說接到公司的指示，要將個人信用尤其是金融方面的信用不良者彙報給公司上層，這些人將成爲人事管理的重點對象，將來對他們的人事考核更爲嚴格，防止個人因財務狀況不佳而挪用公款。

沒有問出個中緣由來，鬱悶的張家誠來到大樓外面點燃了一根香煙，本來擔保這件事就夠讓他頭疼，卻沒想到在自己結算退休金時薪水被扣留了，還在公司裡造成了不好的影響，將來在人事考核中必然要吃大虧。

在這一系列事件的打擊下，張家誠突然感到胸口一陣絞痛，不住地咳嗽起來，最近總是咳嗽，他以爲自己可能是在換季時感冒了，沒怎麼在意，可今天胸口卻異常疼痛。

他隨後來到醫院裡準備拿些感冒藥，醫生建議他再做幾項檢查，沒想到最後檢查結果顯示他有可能得了肺癌，張家誠就這樣被轉移到大醫院來了。

張家誠有些說不下去了，開始大口大口地喘氣。

「哥哥，累了的話就別說了。」

「沒關係，給我點水……」

陳有天倒了一杯水遞給張家誠。

「你知道我躺在醫院裡什麼事讓我最痛苦嗎？對我來說肉體上的痛苦不會持續太長時間了，可我家人的痛苦還將延續下去，我什麼也沒給家人留下，一想起妻子孩子要空手去面對這殘酷的世界，我肉體上的痛苦反而不算什麼了，你可千萬別像我這樣活著。」

張家誠雖然說話吃力，但他還是想把對自己來說爲時已晚的教訓告訴別人。走出病房，陳有天的心情十分沉重，他覺得自己和張家誠的差別並不大，雖然自己並不像張家誠夫婦那樣癡迷名牌，或是中了網上購物和電視購物的毒，但是家裡的裝修和越野車也給財務帶來不小的壓力，自己是不是也在步張家誠的後塵，一種不祥感將陳有天緊緊包裹住。

往電梯方向走去的陳有天看見羅美麗呆呆地坐在走廊盡頭的椅子上，他覺得應該打個招呼，便走上前去。

「嫂子，您辛苦了，哥哥一定會好起來的，要是我能幫上點忙，您儘管開口。」

陳有天知道要是表現出自己知道擔保的事情，肯定會讓羅美麗更加傷感，於是只是簡單地打了個招呼。

「這下完了，別人都有保險，他卻連一份也沒有，這可怎麼辦啊？」

羅美麗的話裡帶著哭腔，的確在這種情況下張家誠最爲需要的就是能夠提供醫療費的醫療保險。

「哥哥他難道沒有醫療保險嗎？」

「保險只有每月二千五百元的終身保險，雖然保險設計師勸他購買一份醫療保險，可他說自己從小到大就沒怎麼生病，把錢花在保險上純屬浪費，對此不屑一顧，後來我也再沒提保險的事，但誰想到會突然發生這種事，現在後悔也來不及了。」

羅美麗的眼淚撲簌簌地往下掉。

陳有天也不知該如何安慰，只是呆呆地望著她。

「萬一我也和家誠一樣得了大病，所有的債務不都轉嫁到家人身上了嗎？」

從分期付款的甜蜜中清醒過來

帶著對張家誠的擔心和對自己前途的不安，陳有天一晚上幾乎沒怎麼睡，他比平時提前一個小時來到了公司，在大廳裡看見張明鏡總監朝自己走來。

「早上好，總監，您來得眞早啊！」

「你好，不對啊，你今天怎麼這麼早上班？」

張明鏡望著陳有天，眼神裡充滿了疑惑。

「這個嗎？凌晨時分就醒了，既然睡不著就乾脆起床了，總監您也來得夠早的啊！」

「我嘛，基本上都是這個時候到公司，早點起來工作，這樣薪水也拿得心安理得，是不是？」

「是，是這樣的。」

擔心總監接下來會指責自己總在九點鐘才進入辦公室，陳有天裝作沒聽見提出一起喝咖啡的邀請，逕自走入辦公室，習慣性地打開電腦，開始上網瀏覽新聞，一則報導吸引了他的注意。

目前信用卡消費金額已經從二〇〇一年的七千七百一十八億元猛增至二〇一一年的一兆六千六百九十一億元，十年時間增幅超過了百分之一百一十六，汽車分期付款的欠款額同樣從二〇〇一年的六百三十五億元增長至二〇一一年末的七百三十億元，購置住宅貸款的欠款額在二〇〇一年末爲二兆六千二百三十二億元，到了二〇一一年末達到了五兆二千七百四十億元，增長了二兆六千五百零八億元。（資料來源：台灣金管會銀行局統計室、中央銀行、行政院主計處）

「信用卡，汽車分期貸款，房屋抵押貸款……這些都和我有關啊。」

看著眼前的統計資料，陳有天不由得長歎一口氣。

「怎麼了，年輕人怎麼一大早就唉聲歎氣呢？」

張總監遞來一杯咖啡。

「哦，沒什麼，我在看一篇報導……」

大致瀏覽了一下電腦上的報導後，張總監拽過一把椅子，坐了下來。

「你最近幾天怎麼老是愁眉苦臉的，是不是有什麼煩心事？」

張總監帶著猜測的語氣問道。

「也沒什麼……」

陳有天便把張家誠的故事說了出來。

濫用信用卡相當於酒後駕車

「聽你這麼一說，你的這位朋友麻煩大了，他深受社會上流行的消費觀念的毒害，現在社會上出現了一些被稱爲『月光族』的年輕人，到了月底他們的當月薪水會全部被花光，而整個社會也在鼓吹著『人生只有一次，不讓自己後悔』的消費觀念，在一種從眾心理的支配下，人們根本不會考慮信用卡和各種債務所產生的利息，整天熱中於貸款消費，用分期貸款或租賃的方式購買汽車，由於身上沒有積蓄，一旦缺錢，便會陷入經濟泥淖中，最後讓錢主宰了自己的生活。」

「背負債務來消費肯定有問題，可是信用卡能提供無息分期付款業務啊，它還能免除我們攜帶現金的不便，這不挺好的嗎？」

記得有一次公司聚餐時，張總監說過他沒辦過一張信用卡。

「用信用卡來進行超出自己能力範圍的消費，就好像喝醉了酒還要開車一樣，十分危險，由於看不到錢從自己的手裡出去，就很難控制住自己的購物欲望。嚴格來說，用信用卡購物也是一種負債行爲，就像你所說的那樣，無息分期付款好像自己獲利，但是它在鼓勵超前消費，最終我們的人生都會被提前透支。」

張總監的話讓陳有天想起自己在幾個月前分期付款買了一台跑步機，由於是十個月的分期付款，至今仍未還清，每當妻子看見繳款通知單，就會念個不停，責怪他放著環境那麼好的社區公共健身設施不利用，非要在家裡鍛鍊。

「用分期付款來購買名牌皮包或出國旅行，進行一些與自己實力不符的消費，不僅你那位朋友是這樣，我們周圍很多人也如此。在自己能力還不具備的情況下就得到自己想要的東西，這正是我們社會的失誤之處，而正是這種社會氛圍造就了一批依賴分期付款生活的人們，光是這部分債務就是一個龐大的數字，一旦債務開始累積，它就會以極其可怕的速度增長，人們便成爲錢的奴隸，很難再有翻身機會。」

聽完張總監的話，陳有天又歎了口氣。

「這樣吧，我給你看樣東西。」

張總監回到自己座位上，手裡拿著一個資料夾來到陳有天身邊。

「你看一下這個，這是我做的剪貼報。」

張總監打開資料夾，各種新聞報導被他剪下來貼得整整齊齊的，都是些與經濟相關的報導，張總監把其中的一篇遞到陳有天的面前。

李大強一到每月的發薪日便煩惱，他在一家大型企業工作已有十個年頭，除去獎金每月的收入是八萬元，但是他卻說自己過的是「分期付款生活」，每月的薪水在七扣八扣後，僅剩下兩三千元。

首先信用卡的還款額為二萬七千五百元，二萬元是在大賣場的消費以及汽油費，剩餘七千五百元是四十二英寸LCD電視的分期付款，五月份他用信用卡以六個月分期付款的方式購買了這台總價為三萬七千五百元的電視。李先生說「當時正好用十個月分期付款方式購買的床已還完貸款，七年前購買的背投電視由於畫面品質不好，所以一直在考慮要不要換台新的，後來在一家大賣場發現了最低價，就下決心買下了」，李先生付了一萬七千五百元的現金作為首付，剩餘二萬元採取分期付款的方式，根據首付積分制，以後再使用信用卡結算的話，裡面的積分就可以被計算在內，李先生在六個月內要支付分期付款利息一千五百元，如果用現金或一次性結算來購買，價格爲三萬七千五百元，採用分期付款的方式則爲三萬九千元。

除了這些大大小小的信用卡欠款外，固定支出費用也佔很大比重，去年用三星信用卡以三十六個月分期付款的方式購買了一輛五十萬元的汽車，每個月連本帶息償還一萬八千五百元，這其中利息共計十六萬六千元。

李先生兩年前以生活資金名義向公司借了二十五萬元，每月連本帶息會自動從薪水中扣除七千五百元，每月的利息也達到八百二十五元。四年前爲了買房從銀行貸款一百七十五萬元，每月連本帶息的還款額爲二萬元，其中僅利息就達五千二百五十元，而這已經是當時最低的年利率了。

除此之外，李先生還得負擔手機費、固定電話費、電費、瓦斯費等費用，上個月薪水僅剩下三千五百多元，李

李大強的八月份支出明細

項目	實際明細單（1）	（1）中的分期付款利息
電視分期付款	7,500元	250元
信用卡消費欠款	20,000元	0元
汽車分期付款	18,500元	4,600元
生活資金貸款還款額	7,500元	825元
房屋貸款還款額	20,000元	5,250元
通話費、稅金等	3,000元	0元
合計	76,500元	10,925元

先生於是發起牢騷：「每當要更換車、床、電視、沙發這些大件物品時，現金總不夠用，只能以分期付款的方式來購買。現在不用分期付款來買東西，簡直沒法活了。」

「怎麼樣，看到這些數字是不是呆掉了？其實很多人的財務狀況和這篇報導上的主角十分相似。」

張總監接著說即使是月收入超過十五萬元的高收入者也會因貸款而勉強度日，二十多歲只知貪玩和消費名牌，三十多歲時要買房，四十多歲時會熱中於課外教育，這些都讓我們只能依靠分期付款和貸款來度日。

「我們真的要十分小心這種鼓吹提前消費的風氣，因為我們在一個小時內花的錢往往要比賺的錢多。因爲有了分期付款，中產階層主婦爲了滿足虛榮心會背著丈夫購買珠寶、奢侈品，丈夫會一咬牙買進口車，從他們做出這些決定的那一刻起，他們的生活便被債務牽住了鼻子。」

雖然不是珠寶和進口車，陳有天的支出也明顯超過自己的承受範圍，他回想起上次和馬修教授見面時，當他發現自己還淨負債九百七十萬元，幾乎要當場暈倒在地，陳有天的內心又開始不安起來，只不過這一次不是因爲張家誠。

債務，影響生活品質的最大殺手

約見馬修教授並不是想像中的那麼簡單，身爲亞洲區總裁的他頻繁往來於日本和香港等地，很難擠出時間。陳有天開始焦躁不安起來，心想不管怎樣都得和馬修教授見上一面，聽聽他的具體實施方案。在和馬修教授的秘書通過十多次電話後，他終於得到了一個見面機會，由於還是上班時間，不能輕易離開崗位，於是他就找了個孩子生病的藉口提前離開公司，馬不停蹄地來到了馬修教授的辦公室。

陳有天對馬修教授講了張家誠的事，說自己透過這件事也明白了很多道理。

「教授，那麼現在我該如何去解決我的財務問題呢？」

陳有天急得像熱鍋上的螞蟻，而馬修教授的表情卻十分平靜，拍了拍陳有天的肩膀。

「答案其實非常簡單，消除債務。但在消除債務之前必須先做一件事，那就是爲了不再產生新的債務，需要將漏洞堵上，**為了不讓自己內心產生即便負債也要買東西的**

消費欲望，做到這些需要一些智慧和技巧。因此你下一步要做的事情就是瞭解自己的負債情況，然後一一清算，我見過太多的人因爲清算完債務而變成了富人。歸根究柢，理財的根本就在於『在最短的時間內消除債務以及不再產生新的債務』，你要是眞的不想成爲錢的奴隸，先要認識到自己的財務問題不是他人而是自己的責任，之後你便什麼都不用考慮，只需將全部精力放在債務的償還上。」

「這好像並不簡單啊。」

理財的根本在於「在最短的時間內消除債務以及不再產生新的債務」，陳有天完全贊同這句話，但是要自己馬上去消除這些債務，他還一時不知如何下手。

「最開始誰都不知該如何下手，這樣吧，我讓你瞭解一下債務會給今後生活帶來多大的痛苦。」

馬修教授打開筆記型電腦，把螢幕轉到陳有天的視線方向。

「這張表是你現在的負債目錄，是你上次塡寫的，拜這些債務所賜，你比你的父輩們更輕鬆地得到了房子和車子，以及從銀行貸款的機會，但是這個世界沒有免費的午餐，你所付出的代價就是每月要將近二萬六千多元返還給借你錢的債權人，一年下來就是三十一萬多，你的年薪是多少？」

「一百二十萬元左右，對了，還要扣除稅金，這樣就剩下一百萬左右。」

「這樣的話，不算本金，光是利息就佔據了你年收入的百分之三十，要是按十年期限來償還本金，每年就要還一百萬元，這樣連本帶息算下來，你一年的收入都不夠還債，光是想想都會讓人不寒而慄。要想獲得財務上的成功，最爲強勁的一件武器就是你的年薪，可現在你的這件武器卻在債務面前完全發揮不了作用。」

陳有天說不出話來，死死地盯著馬修教授所展示的這張表。

「至此，你可以試著對你的債務一一分析，你爲什麼會有這筆債務，這筆債務中存在著怎樣的陷阱，如果你搞不清楚這些，即便你償還完所有債務，還會再次落入陷阱中。你現在共有四類債務，房屋貸款，汽車分期貸款，銀行貸款和

負債目錄	負債金額	年利率	月負擔利息	年負擔利息
房屋貸款	1,000 萬	2%	16,667	200,000
汽車分期貸款餘額	30 萬	5%	1,250.00	15,000
銀行信用貸款	50 萬	15%	6,250.00	75,000
信用卡欠款	10 萬	18%	1,500.00	18,000
合計	1,090 萬		25,666	308,000

（單位：元）

信用卡欠款，沒錯吧？」

「對，沒錯，聽您這麼一說，我才發現我竟然有這麼多的債務。」

陳有天感到臉上微微發燙，有些坐立不安，見此情景，馬修教授讓秘書端了下午茶進來，陳有天喝了些東西後，情緒稍微穩定下來。

房屋貸款：百分之三十原則

「現在我們來逐一進行分析，你對『房屋抵押貸款』怎麼看？」

喝了口水潤潤嗓子的馬修教授調整了一下坐姿，開始正式提問題。

「有了債務肯定不是好事，但在我看來，在所有債務中它算是比較好的了，因為用房子來作抵押，與其他信用借貸相比，它的利息比較低。」

「我來到這裡後，發現人們對於住宅和房地產有種特別的感情。個人所擁有的房地產和金融資產的比例為四：一，人們所擁有的房地產是金融資產的四倍，而在美國這個比例為四：六，金融資產要超過房地產。」

「是嗎？我原以為無關乎國家因素，擁有一間房子是人類的基本需求……我還真沒想到會是這樣。」

馬修教授指出大部分的人對房地產的這種執著是造成房地產投資熱持續三十多年不降溫的一個原因，擁有一間房子對許多人來說是人生的最高目標，爲此大家會將自己大部分的收入都投進去，但很多時候卻因爲償還貸款而束縛住了自己的手腳。

「假如房地產價格暴跌，或是你突然丟了工作沒有了收入，你所要面對的財務危機要比現在嚴重得多。如果爲形勢所迫，你不得不使用房屋貸款，那麼連本帶利還款額不能超過你月收入的百分之三十，一定要牢記這點，超出你支付能力的房屋貸款最危險。以你現在的年薪償還房貸還比較吃力，這是一個必須解決的問題。」

馬修教授將表中房屋貸款的月負擔利息一萬六千六百六十七元這個數字用紅筆圈起來，以示強調。

「面前的這個數字非常嚇人，這是你當初只想著房價上漲而犯下的錯誤，如果房價不但不漲，利率反而上升，你將要承受多麼大的負擔！」

此前陳有天每月要拿出一萬六千多元來支付房屋貸款利息，這對他的確是個負擔，但是他始終堅信總有一天房價會上漲，到那時他就能獲得更多的回報，可經馬修教授這麼一說，他意識到自己毫無依據地迷信房價上漲顯然是對未來的局勢估計得過於樂觀。

「哈哈，是不是這樣？假設某人像你一樣也期待著房價上漲，購買了一間一千五百萬元的房屋，其中五百萬是自己的錢，另外一千萬從銀行貸款，爲此每月要支付一萬六千元的利息。他只是一個普通的上班族，每月的收入就是薪水，在要償還利息的情況下，他不可能再進行其他的投資，但如果房價與他期望的相反，在十年後下跌了百分之三十三，這會導致什麼後果？」

陳有天的表情表示他十分想知道這種假設的結果，馬修教授在白紙上畫了個「○」。

「零，他的房子變成了一個罐頭盒，那時候房子的價值是一千萬，而這一千萬正好是銀行的貸款。」

「這也太殘酷了吧。」

陳有天的臉上沒有任何表情。

「你這傢伙，看來你還搞不清楚狀況啊，你知道比房子變成罐頭盒更殘酷的是什麼嗎？每月支付一萬六千元利息，十年後你知道有多少嗎？二百零四萬！如果將這筆錢投入到年收益率爲百分之十的共同基金上，就能變成三百萬元，本來可以透過運作在十年後獲得三百萬元，但很可惜，原來的五百萬本金加上三百萬的機會收益，總共八百萬就這麼蒸發了。現在，房地產投資的風險會一直存在，因此將賭注全部押在房子上，實在太不應該了。」

誘惑和盲點　房屋貸款是一種不錯的投資，因為用房子作為抵押，利息相對較低。

理財建議　超過你本人支付能力的房屋貸款會影響你的財務穩定性，正確的做法是每月連本帶息的還款額不能超過自己收入的百分之三十。如果可能的話，盡量在短時間內將此項債務還清。

買車，三思而後行

「下一個是汽車分期貸款。剛才聽你說張家誠用租賃的方式給自己配了一輛高級轎車，那麼你對分期付款和租賃這兩種方式怎麼看？」

「可能我的想法又要被教授罵，在我看來如果不使用分期付款和租賃，像我這樣的平民百姓就不可能買好車，再加上現在哪有人會一次性付清全部車款？」

陳有天一下子來了精神，覺得自己這話說得沒有一點毛病。

「很好，把自己的想法眞實地表露出來，這一點非常重要，你這次見我的目的也不是只說好話，其實我以前也和你想得一樣。」

「兩年前我用分期付款方式買了一輛車，現在還剩一部分餘款。由於最近又上市了不少新車型，所以我老惦記著換一輛新車，正好今年年薪又漲了百分之五，比之前多了幾千元，於是就動了這個心思，可是我太太堅決反對，說好好的車爲什麼老換來換去，我就勸她說趁現在這輛車還挺新的時候賣還能賣個好價錢，但我們到現在意見也沒統一，實在搞不懂她怎麼這麼不通人情。」

「哈哈，你太太其實是在阻止你掉入債務的惡性循環，之前我跟你說過『克爾維特』的故事吧，我也是愛車一族，但是從前分期付款的日子卻令我不堪回首，不考慮自己的經濟實力，用租賃或分期付款的方式弄來一部車，這種行爲等於斷送自己的致富之路。」

「所以我是在自己年薪多了幾千元的情況下，才產生了換購新車的想法。」

陳有天認爲這項支出並沒有超出自己的能力範圍，他帶著疑惑的神情望著馬修教授。

「無論是分期付款還是租賃都會給家庭開支帶來很大的負擔，假設你在沒還清當前汽車貸款的情況下，又用年薪多餘部分以分期付款方式購買了新車，分期付款額暫定爲每月一萬五千元，期限是六十個月，由於你在三年不到的情況下因爲又用分期付款購買了新車，汽車分期付款還款額便成爲你一輩子都要背負的負擔。如果你在三十歲到六十歲的三十年間，每月繳納一萬五千元的汽車分期付款，這就等於用五百四十萬元的資金買來一輛車，要是你這一輩子每月都拿出一萬五千元用於支付車貸，你就喪失了同等數額的投資機會，因爲這些錢如果投資在年收益率爲百分之十的共同基金上，你在六十歲時就能拿到三千二百七十萬的巨額退休生活資金……」

每月投入一萬五千元，三十年後的累計金額竟然達到五百四十萬元，但更令人吃驚的還在後面，如果將這些錢投資在共同基金上，投資回報會超過三千萬元。

「一輛新車就這樣讓巨額退休生活資金不翼而飛了，你會用車來交換自己的退休生活資金嗎？在美國很多有錢人的車都與自己的資金狀況相符，並且車輛會使用很長時間，這便是他們財務上獲得成功的秘訣。」

「聽完教授的一席話，我方才發現自己目光的短淺。」

陳有天雖然還想辯解一番，卻苦於找不到更合適的理由。

信用卡分期付款：挖個陷阱讓你跳

「這就好，很高興你能眞心接受我的觀點。」

「下一個是『信用卡卡債』吧？」

「是的。」

一提到信用卡，陳有天立即想起張總監曾經和自己提過「分期付款的人生」，這次他非常想聽聽馬修教授對此有何高見。

「我先提個簡單的問題，三個月的免息分期付款是否要好於用現金直接購買？」

「那是當然，現金放在自己手上，不是還能產生三個月的利息嗎？」

Memo

誘惑和盲點 汽車的分期付款制和租賃制是一種讓人們以低廉的價格購入好車的高級金融行銷手段。

理財建議 大部分有錢人對待汽車這一問題，都會選擇購入與自己資金情況相符的汽車，並且會使用很長時間，這便是他們成為有錢人的秘訣。

「利息有多少呢？問題的關鍵是商家會以此爲誘餌，慫恿你進行一些不必要的消費，他們的行銷戰術實在太厲害了，信用卡公司不斷對那些消費能力有限的大眾灌輸這樣一種觀念，用一張卡片來享受購物、餐飲的樂趣吧，於是被這些宣傳語所蠱惑的人們一到週末，就會跑到大型購物中心去血拼，帶著孩子往來於各大百貨公司之間。」

「可是使用信用卡的確能享受到減稅的優惠，而且用卡裡的積分還可獲得折扣。」

陳有天雖不贊成濫用信用卡，但是他想說明只要正確使用信用卡，還是可以從中獲得實惠的。

「如果是財務上還達不到獨立的人認爲使用信用卡可以獲得折扣，這將十分危險，所謂的優惠都不過是信用卡公司玩的小把戲而已，實際上信用卡存在的最強大的理由就是要製造債務，試想一下，如果你沒有信用卡，你還會像現在這樣採購這麼多東西，欠下一屁股債嗎？正是有了信用卡在背後撐腰，我們來到商場後才會放開手腳大肆地採購。」

「這倒也是，我老婆平時可精打細算了，可一到商店，就忙著往購物車裡塞東西……因爲超過了一定金額就可以享受到免息貸款的優惠，所以經常會爲了湊夠金額把一些暫時用不上的東西也買回家。」

陳有天打算一回家就向妻子講解在使用信用卡上存在的盲點。

「這種無意識的衝動消費堆積在一起便轉化爲大額債務，重壓在你的肩膀上，信用卡消費欠款一旦成爲我們生活的一部分，我們便會對錢失去信心，過著沒有財務規劃的生活，最後我們會爲了償還利息和貸款而疲於奔命，離我們美好的夢想漸行漸遠。」

馬修教授特別強調，如果人們借錢來滿足自己對汽車或名牌的消費需求，那麼隨著時間的推移，汽車和名牌的價值會蕩然無存，剩下的只有一堆債務，在繼續蠶食著我們的未來。

馬修教授在說話的過程中，陳有天的臉越來越紅，他之前只是覺得自己過多的支出會帶來一些債務，卻沒想到自己的消費觀點是完全錯誤的，但唯一讓他感到安慰的是，他現在已經清醒了，以後不會輕易地落入商家的圈套了。

Memo

誘惑和盲點　三個月的免息分期付款要好於用現金直接購買，因為手中的現金可以創造更多的利息。

理財建議　三個月的免息分期付款絕不可能讓你變成富翁，相反，這種觀念會讓你陷入消費陷阱。並且使用三個月免息分期付款的人，大多數由於不能在規定的期限內還清貸款，會拆東牆補西牆，為了償還這筆債務，欠下其他債務。

債務的槓桿效應：風險遠大於回報

「最後一項債務是什麼?」

「銀行貸款，實際上我貸款的目的是爲了投資股票，貸款額爲五十萬元，一年要負擔七萬五千元的利息，但如果股票能產生百分之三十的收益，就能收入十五萬元，在償還完利息後還剩七萬五千元，因爲自己資金周轉比較緊張，所以總覺得該做點什麼。」

話雖這麼說，此前他由於過早地抛售海星生物的股票，損失非常慘重，現在他也開始懷疑這種投資方式是否明智。

「你所說的是債務的槓桿效應，在韓國，尤其是三四十歲的男人會背著家人開設一個股票帳戶，用股票來掙零花錢，但是股票投資最基本的原則是要使用閒置資金，而不是借錢來炒股，借錢炒股可能會讓你嚐到甜頭，但稍有不慎便會釀成一杯苦酒，表面上看是『用別人的錢來賺錢』，但實際上借錢投資會帶來投資和利息的雙重損失，一般來說成功的例子很少，如果你不是專業投資人，聰明的做法是趕緊停止這種舉債炒股的行爲。」

「即便你不說，我現在也後悔得要命，因爲是拿帶有利息的貸款來投資，心情非常急躁，這也會影響我自己在股市中對時機的判斷。」

陳有天違背了「投資必須使用閒置資金」的投資原則，爲此他要付出相應的代價。

「怎麼樣，你對於你的四類債務有何想法？」

「之前的我對於債務眞是一無所知，我所欠下的這些債務使得我的退休生活資金全化作泡影，眞是痛心啊！」

馬修教授說得沒錯，每月存入一萬五千元，一直存三十年，最後就能獲得三千萬元的退休生活資金，要是把一萬五千元換成現在每月用於支付利息的二萬六千元，三十年後將是一個多麼可觀的數目啊，這麼一算，陳有天就像洩了氣的皮球癱坐在椅子上。

「你不要太灰心了，將所有債務歸零後重新出發，你還是能成爲有錢人的。」

「但是該如何償還這些債務呢，我腦子裡一點概念都沒有，以我目前的這種狀況想在短時間內還清債務簡直就是天方夜譚，錢根本不夠還債，您能不能給我一些具體的指導？」

陳有天很誠懇，眼神中卻同樣難掩焦急。

Memo

誘惑和盲點　利用債務的槓桿效應可在短期內獲得高回報。

理財建議　債務人成為債權人的奴隸，債務的危險性要遠大於從債務的槓桿效應中獲得的收益。拋棄「用別人的錢來賺錢」的愚蠢想法吧，請牢記投資必須使用閒置資金的原則。

成為有錢人的第一步——建立預算

陳有天和馬修教授之間的對話逐漸變得越來越坦誠。

「哈哈，這也是我接下來想和你說的內容。爲了還債，首先要減少支出，光想不做是不行的，對於昨天還在興致勃勃地用信用卡進行消費的人來說，今天就勒緊褲腰帶度日，的確是件很難辦到的事，因此我們要有充足的思想準備，建立起家庭的每月預算。」

「每月預算？」

家庭的收入和支出不外乎就那麼幾項，扳扳手指頭都能算清楚，陳有天實在搞不明白有何必要去建立每月預算。

「是的，我們只對那些必需的開支做每月預算，從而保證我們的開支都在預算範圍內。預算做好後，它能夠提醒我們只進行一些必要的支出，打消我們衝動消費的念頭，這麼做的目的是將有限的資金用在刀口上，但是這也不能只憑一己之力，最好的方法是夫妻倆共同協商擬定出下個月的預算，寫在紙上，擺在家中的顯眼位置。請必須牢記一點，預算外的支出是絕對不能容許的。」

「可是擬定了支出預算，然後按照預算來生活，這豈不是成爲錢的奴隸？整日生活在條條框框下，不允許自己有絲毫的快樂，這樣的生活和奴隸沒有什麼區別吧？」

陳有天無法理解這樣的生活還有什麼意義。

「你一直理解得不錯，可現在你這麼說卻讓我有些失望，我問你，預算是誰定的？」

馬修教授失望地看著陳有天。

「當然是我定的，是和妻子商量後的結果。」

「按照自己制定的規則來行動就不能稱之為奴隸的生活，反而是一種真正自由的生活，透過制定每月預算，每項開支都被規定了具體的額度，這等於是給錢貼上標籤，讓錢服從你的命令，這樣錢就絕對不會不聽你的使喚而跑到別處，只有將錢牢牢控制住，你才能真正主宰你自己的生活，現在你明白我的意思了吧？」

「明白了，我的想法還是太簡單。」

陳有天表示認同馬修教授的解釋。

「沒關係，這不才剛剛開始嗎，**承認自己在財務上遇到困難並下決心去改變，這才是最重要的**。你上次已經把自己的財務狀況寫出來了，在瞭解完自己的財務實力後，緊接著就要建立財務目標，首先要清除掉阻止目標達成的最大障礙——債務，爲了財務目標的實現要制定收支預算。」

「但我總感覺無處下手，我的開支一直以來都沒有預算……」

由於他之前從未對自己的收支做過預算，現在突然讓他做每月預算似乎有些難爲他。

「你不必將預算想得過於複雜，用家庭帳簿或excel軟體將你的支出設定在與你的收入水準相符的範圍內，然後在實踐中按照這個目標執行便可。」

馬修教授說他曾看見許多成功人士遭遇失敗就因爲這一條，他們每年會將幾千個小時的時間用在賺錢上，卻不捨得拿出幾個小時來考慮將錢用在哪裡，教授再一次強調了資金管理的重要性。

「很多人一提到理財，觀念中就會傾向於把錢交給可帶來豐厚回報的投資公司來管理，但**比投資更重要的是，我們事先要養成一個妥善管理自己資金的生活習慣，也就是說預算的制定和執行才是理財的精髓**。如果你的年收入爲一百萬元左右的話，經過四十年的工作，四千萬元的巨額資金就會從你手中經過，這就等於爲你提供了成爲富翁的可能性，而且要是這筆錢能得到妥善管理，四千萬元甚至可以增長幾十倍到幾百倍，可如果你現在花起錢來還是那麼隨心所欲，重複著別人的老路，那麼當你把這些錢全部花光後，步入沒有經濟來源的老年階段，你就會變成身無分文的窮光蛋。」

陳有天簡直不敢相信自己這一輩子從手中流過的錢竟然有四千萬元，更令他吃驚的是，這筆錢要是好好管理的話，還有可能增長幾十倍到幾百倍。

「教授，怎樣才能管好這筆錢呢？當然我會按照教授所說，今天一回家就制定每月預算，但是只憑每月預算就能做到這一切嗎？要想走上致富之路恐怕還得有其他特殊的方法吧。」

陳有天的臉上還是帶有些疑惑，身子朝馬修教授靠了靠。

「哈哈，**人們都想知道快速致富的方法，可實際上這種方法根本不存在，但要想成為有錢人，必須遵守『支出少於收入』的原則，不能背負著債務生活**，在做好預算後，就算勒緊褲腰帶也不能超支，**將每月剩餘的錢拿來儲蓄和投資就是一條致富之路**，當然，成爲有錢人的方式還有很多種，但是其他方式都不及管理自己的收入來得簡單有效。與其做著彩券中大獎的白日夢，不如就從現在做起，一步一腳印地去接近自己的目標。」

「聽了教授一席話，我眞的對節儉致富產生了足夠的信心。」

陳有天邊點頭邊說出了這句話。

「哈哈，是嗎？那我再問一個問題，你現在有多少張信用卡？」

「我好像有五張，還有幾張不怎麼用的，被我放在了抽屜裡。」

「那麼今天你回家後把這些信用卡全部登出，再用剪刀剪斷，當然也包括你太太的信用卡。」

馬修教授的話讓陳有天大吃一驚，他完全明白教授不想讓自己使用信用卡的意圖，但是考慮到自己有時身上現金不夠，是否應該留下一兩張以備不時之需，陳有天說出了自己的想法。

「在還沒有獲得對錢的主動權之前，你絕對不能有這種軟弱的想法，因爲你的財務狀況已經很糟糕了。如果實在不方便攜帶現金，可以使用只能提取帳戶餘額的信用卡，你現在正處在與債務展開生死搏鬥的階段，在未能很好控制自己的債務之前，絕不可以使用信用卡，要知道不付諸具體行動的決斷不會產生任何效果，你能保證做到這點嗎？」

「好吧，我盡力，但是教授……」

陳有天雖然咬牙答應了，但轉念一想，自己怎麼也得保留一張卡，於是又開始說服馬修教授：

「不行啊，我突然想起萬一我的家人生病急需用錢怎麼辦。要是信用卡全部剪斷，剩餘資金也被用於償還債務，那我如何去應付突發情況？爲防萬一，在抽屜裡放入一張作應急之用的信用卡也不爲過吧？」

馬修教授認爲給自己準備應急資金的想法很好，但是他不同意將信用卡的透支金額作爲應急資金。

「好吧，正如你所說，我們的生活到處都存在著不可預知的變數，所以在償還債務時也要採用一些巧妙的方法，我現在就告訴你『償還債務的七十：三十法則』。」

第二步——償還債務的七十：三十法則

「七十：三十指的是收入的百分之七十用於日常開支，剩餘的百分之三十用於還債？」

「你說錯了，七十：三十指的並不是全部收入，而是指剩餘資金，打個比方，某個家庭的月收入爲十萬，透過制定每月預算發現無論怎麼節省，每月的支出一定爲七萬這個數目，這樣一來剩餘資金就爲三萬元，再將這三萬元按七十：三十的比例劃分，二萬一千元用於償還債務，剩下的九千元便當作儲蓄。」

「但是如果把這三萬元都用在償還債務上，不是能更快地從債務中解放出來嗎？」

陳有天反問道，似乎還是不太理解。

「你這麼想我一點也不奇怪，實際上有很多人也是這麼做的，但是由於開支被嚴格控制，剩餘資金也全部被用來償還債務，這就等於一個月下來自己身無分文，如果這種狀況一直持續好幾個月，最後十有八九會筋疲力盡，賺來的錢馬上就拿去還債，心裡不禁產生『我是爲何而活』的疑問，從而逐漸失去工作的興趣，如果在這時突然發生你所提到的那種情況，比如家人手術急需一筆資金，那麼就只能選擇信用卡借貸或私人貸款，至此，之前所付出的努力都將化爲泡影。」

「您說得很對，但每個月只將剩餘資金的百分之三十作爲儲蓄，這點錢能解決問題嗎？」

「這些錢就是本金，隨著本金的規模日益增長，你的自信心也會逐漸恢復，而自信心能夠讓你駕馭金錢的能力變得更強，百分之七十用於債務償還可使負債規模逐漸縮小，百分之三十用於儲蓄可使本金規模日益擴大，如此一來，惡性循環便被一刀斬斷，財務狀況就逐漸步入良性運轉的軌道上來。」

第三步——徹底的結構調整

陳有天仔細地聽著馬修教授的講解，覺得自己的前方已經出現希望的曙光。

「現在要考慮一個問題，你何時能還清這所有的債務。」

陳有天也急於知道這個問題的答案，他調整了一下坐姿，順著教授的手指方向注視著統計表。

「在你的債務中，用來做股票投資的銀行貸款可以透過賣掉股票的方式來解決，其他債務都列在上表中，如果你透過預算能確保每月有三千五百元的剩餘資金用於償還債務，**那就從金額較少的債務開始吧**。」

「不對吧，爲什麼不從利息產生較多的債務開始呢？」

陳有天有些驚訝，按照正常人的思路，爲了少付利息，應該首先償還那些會產生大額利息的債務。

「以理性的角度來分析，首先償還利息較多的債務無疑是正確的，但從現實的角度來說，**將小額債務作為突破口才是短期內還清所有債務的一個訣竅。」**

「哦！」

馬修教授的解釋讓陳有天點了點頭。

「我們這就來計算一下！透過預算我們保證了二萬一千元的還款金額，加上每月九千八百三十四元的信用卡分期付款，這樣每月我們就有三萬零八百三十四元來償還第一筆債務——信用卡欠款，大約需要四個月的時間便可還清。接下來我們再將三萬零八百三十四元的還款額加上每月六千二百五十元的汽車分期付款，用三萬七千零八十四元來粉碎第二個債務——汽車分期貸款餘額，大約八個月後這筆債務也被還清，你在一年左右便還清了除房屋

負債	負債金額	還款期限	年利率	月負擔利息	年付利息	每月連帶利息還款額	最短還款期限	累積還款期限
信用卡欠款（1年內還清）	100,000	一年內	18%	1,500	18,000	9,834	4個月	4個月
汽車分期貸款餘額（5年內還清）	300,000	五年內	5%	1,250	15,000	6,250	9個月	13個月
房屋貸款（20年內還清）	5,000,000	20年	2%	8,333	100,000	29,167	75個月	88個月
房屋貸款（20年內還清）	5,000,000	20年	2%	8,333	100,000	29,167		
合計	10,400,000			19,416		74,418		

（單位：元）

貸款之外的所有債務。之前我們也提到了，房屋貸款的每月連本帶息還款額達到了五萬八千元，這相對於你的收入是個很大的負擔，因此我們暫且放著五百萬元不動，首先償還其中的五百萬元，三萬七千零八十四元加上五百萬元的二萬九千一百六十七元每月還款額，用六萬六千二百五十一元可在七十五個月內連本帶息還清五百萬元的債務，房屋貸款的還款期限原爲二十年，如果你有盡快還清所有債務的決心，你就能用六年半的時間償還一半的房屋抵押貸款，在實施債務清償計畫的七年時間左右，除五百萬元房屋貸款以外的所有債務就這樣被清除了，以後每月還有六萬六千二百五十元的剩餘資金可做其他投資，看好了！如果五年後你將這每月六萬六千二百五十元投在了年收益率爲百分之十的共同基金上，知道二十年後你的退休生活資金會是多少嗎？不要懷疑你的耳朵聽錯了，是四千五百萬元。」

眞是令人歎爲觀止的計算方法，陳有天不禁嘖嘖稱奇，但情緒突然間又低落下來，開口說道：

「馬修教授，我腦子裡大概估算了一下自己的開支，每月根本不會有什麼剩餘資金，無論我再怎麼緊縮財政，恐怕你所說的『七十：三十法則』對我還是不適用，這種情況我該怎麼辦？」

「這基本上是由於債務過多造成的，這個時候你就必須對你的家庭財產結構進行調整，這就像在亞洲金融危機時很多韓國企業所進行的結構調整一樣，**你必須處理掉那些對你和你的家人來說屬於非必需性和非效率性的資產，用得到的收入來償還債務**。」

「是嗎？將它們處理掉？這是怎麼一回事？」

將資產處理掉的說法讓陳有天很困惑。

「比如**更換你現在所擁有的房子和汽車，讓它們與你的經濟實力相吻合，這樣多出來的錢就可以償還很大一部分貸款，每月還款額和利息負擔也會大幅減少**。雖然你現在住在大房子裡，開著好車，但你卻是錢的奴隸，這倒不如現在成爲錢的主人，等日後有了一定實力再去購買大房子、好車子。還有一點很重要，就是要增加你的基本收入，也許你會因爲面子問題而不願意這樣做，但是以你現在的收入所省下的錢完全不足以償還債務，因此很有必要利用下班時間來增加自己的收入。說到這裡，我想我解釋得夠清楚了吧。」

「是的，非常感謝，說老實話，我很清楚日後的生活將會十分艱苦，但是我不會氣餒，爲了將來更美好的明天我必須堅持下去。」

當自己不再執著於大房子和好車，陳有天的內心反而充實了許多，他覺得自己有信心處理好目前的一切。

「對了，你有醫療保險和財產保險嗎？」

馬修教授收拾起筆記型電腦，突然拋出了這個問題。

「哦，這些我都沒有，我現在身體還可以，估計今後幾年也沒啥毛病，孩子還小，沒到考慮身體健康的時候，我太太也說吃好睡好就是補藥，覺得沒必要把錢花在醫療保險上，說穿了，要是沒有享受到醫療保險帶來的好處，那麼保險費不就白花了嗎？」

「哈哈，心疼保險費是可以理解的，但是誰能保證類似張家誠的遭遇不會降臨到自己頭上？家庭成員如果有人突然得了大病或是受到傷害，如果沒有保險那麻煩就大了，如果你在還債過程

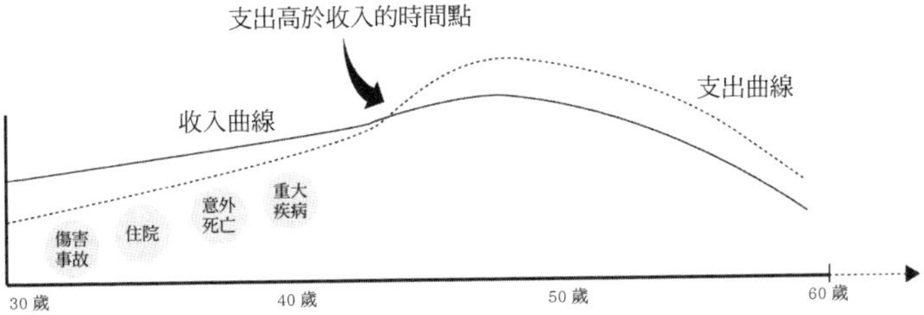

對策 考慮好危險的種類與程度
↑ 做出防範措施
提前死亡的危險　長壽的危險
患病的危險　受到傷害的危險

準備好保障安全的保障資產
1. 保障未來的收入
2. 保障當前資產的安全
3. 保障實實在在的資產

中遭遇此事，可能還會因此而背負更重的債務噢。」

這麼一說陳有天心裡沒有準備，假設自己勒緊褲腰帶總算把財務狀況拉到正常軌道上，要是真發生了這種事，這就等於是一塊大石頭砸在自己腦門上，又把自己打入十八層地獄。

「還真是這樣，我自從見了張家誠之後，一直都沒思考過這問題，我回去要和老婆商量一下，一定得買份醫療保險。」

「你今後在買保險時肯定會對保險有更深入的瞭解，但我可以事先告訴你，**所謂的保險就是能夠應對突發情況的保障資金，我們趁年輕時要及早購買只花小錢卻能解決大問題的保險，將你總收入的百分之五~百分之八投資在醫療、傷害、癌症、終身型等各類保險上，有了它們，即便是疾病和傷害也很難奪走你和你家人的幸福。**」

貪心會招來無妄之災

回到家裡的陳有天坐在了飯桌旁，好久沒和家人一起用餐了，他微笑地注視著正在給孩子剔魚刺的妻子。

「怎麼了？我臉上有東西嗎？」

幾天來一直眉頭緊鎖的陳有天難得露出笑容。

「都是因爲我，讓妳這些年受累了。」

「你今天怎麼了？這幾天你一直愁眉苦臉的，我還一直替你擔心……」

「我想和妳商量件事。」

陳有天告訴妻子他們目前的財務出現了較大危機，以及自己去找馬修教授尋求幫助的事。

「按照馬修教授的意見，我們要根據目前的經濟實力更換一間面積較小的房屋，同樣車也換成小型車，這肯定會給我們的生活帶來不便，但除此之外，我們很難再找到其他的辦法來度過這次財務危機。」

「等一下，你的意思是我們現在要把這個房子賣掉？」

妻子被丈夫的想法嚇呆了，這個房子是結婚後買的，妻子免不了對房子有著特殊的感情，但在陳有天的預想中，平時精打細算的妻子仔細考慮後肯定會支持自己的決定。

「我不是說得很清楚了嗎，以我們現在的情況我們養不起這間房子，我和妳一樣也捨不得，就這麼將自己名下的房子賣掉，我心裡會好受嗎？但是妳想一想我們每個月要把多少錢花在這間房子的貸款利息上，當妳認識到這點後妳就能同意我的意見了。」

陳有天直視著妻子的雙眼，斬釘截鐵地說道。

「我今後會更節省的，就按你說的，從現在開始不使用信用卡，建立每月預算，這不就行了嘛，但房子的問題你一定要再考慮一下，你知道我平時爲什麼連一分錢都要省？就是因爲這間房子，你還記得兩年前剛搬過來時的情景嗎？你和孩子們是多麼地喜歡這間房子，我現在還記得很清楚。」

「老婆，嚴格意義上來說這還不是我們的房子，它只是掛在我們的名下，這個房子其實是銀行的房子，一半以上的房款都是銀行出的錢，但銀行也不是白借給我們錢，我每月都會被銀行從薪水袋中扣掉一萬六千元。」

說著說著，陳有天就激動起來，孩子們見此情景趕緊回到自己的房中，妻子的嗓門也越來越大了。

「你說得沒錯，我們的確從銀行貸了很多錢才買下這間房子，可你的薪水不也一直在漲嗎，有什麼可擔心的呢？要是房價上漲到一定水準，儘管還支付著利息，但很有可能賺到差價，因爲房地產而發財的人實在太多了。」

聽妻子這麼一說，陳有天氣得兩眼發直，他想起馬修教授說過的「很多人對於房子有特殊的感情」這句話，這才意識到這件事情不是那麼輕易就能解決的。

「萬一房價不像我們期待的那樣，並沒有上漲，那麼我們這輩子豈不都像現在這樣，每月拿出一萬六千元捐獻給銀行？我剛才也解釋過了，這一萬六千元並不是簡簡單單的一萬六千元，如果我們不把這一萬六千元作爲貸款利息還給銀行，而是進行一些投資，最終的回報金額不知是一萬六千元的多少倍。與其被動地等待著房價上漲，不如自己主動做些投資。」

妻子說自己需要時間再考慮考慮，陳有天覺得這樣也好，不管怎麼說，得不到妻子的同意和理解，一切都無法進展下去。

兩個星期過去了，妻子仍沒有給出回應，陳有天有些坐不住了。

「兩週時間又產生了多少的銀行利息喲，八千元就這樣蒸發，哎。」

陳有天給孩子買了些零食，有氣無力地回到社區內，在長凳上坐下來，雖然天色已晚，社區內還是有很多孩子在玩著直排輪和自行車，還有很多晚餐後出來散步的夫婦。

「不行，無論如何今天得有個結論，這件事不能再拖下去了。」

他看了一眼手錶，從長凳上站起，赫然發現一〇三棟樓前聚集了一些人，他趕緊湊上前去看個究竟。

「咦，真奇怪，怎麼在晚上搬家呢？」

「應該是一五〇二室，賢淑家，他們要搬走。」

由於很少有人會選擇在晚上搬家，人們就站在裝載著家具物品的貨車前議論起來。

「對了，一〇三棟一五〇二室的賢淑不是智恩的朋友嗎？這下智恩要傷心了。」

穿著拖鞋出來的陳有天此刻感受到了深秋夜晚的寒意，於是加快腳步往家趕去。

「智恩啊，賢淑他們家正在搬家呢，妳不去打個招呼嗎？」

陳有天一到房門口就告訴了女兒智恩。

「哦，眞的嗎？我還不知道呢，怎麼在這個時間搬家呢？」

正在給孩子們整理床鋪的妻子驚訝地問道。

「應該沒錯，他們現在正在往外搬東西。」

「眞是的，怎麼搬家也不和我說一聲，我和賢淑媽還挺熟的呢……」

妻子決定去打個招呼，就帶著智恩出去了，三十分鐘不到妻子回到了家中，表情有些僵硬，她一言不發地走進房間哄孩子睡覺。

陳有天坐在客廳裡看電視，妻子將孩子安頓好後，端著一盤水果坐在陳有天的身旁。

「妳看起來好像挺失落的。」

「是啊，賢淑家的房子被拍賣了，因爲他們已經好幾個月沒還房貸利息了，一開始賢淑媽還抱著僥倖心理，但在第二次拍賣中房子被拍走了。」

陳有天明白了妻子的表情爲何如此僵硬，自己家每月也要支付一萬六千元的房貸利息，因此今天所發生的事不僅僅是別人家的事。

「所以我說嘛，超出自己能力範圍以外的貸款會惹禍上身的。」

「這麼說我們也要把這房子賣掉，重新租一間房子。」

「是的，在我們能力還達不到之前必須這麼做，我們把一千萬元的銀行貸款還清，再用五百萬元來租一間房子，這樣我們每個月至少有一萬六千元的投資資金，這些錢也可用在妳我和孩子的身上，當然也可以像現在存在銀行一樣，暫時先不花這筆錢。」

「好吧，就按你的意思辦，但有一個條件，就是你現在必須坐地鐵上下班，你也很清楚每月的油費不是個小數目吧，既然決定要節儉度日，這個當然也得做到，沒問題吧？」

陳有天保證今後在沒有特殊情況時都會乘坐地鐵，妻子也同意了他賣掉房子的決定。

雖然兩人做出了搬家的決定，但是搬家會牽涉到各方面很多事，房子要符合預算，子女教育和上下班問題都必須顧及到，無論哪一件事都要耗費一番精力。

吃過午飯後，陳有天在休息室裡喝著咖啡，與關係不錯的同事們聊起了自己的事情，正好對房地產投資有一定見解的金主任走進休息室，聽了陳有天所說的情況後，提出要幫陳有天找找這方面的資訊，正當他準備喝杯咖啡時，他的手機響了。

「龍山要搞再開發？五百萬就可以？」

金主任在電話中提到了再開發，這引起休息室一片騷動。

「主任，聽說要再開發？」

「在哪裡？哪裡要再開發？」

「噢，之前透過別人介紹偶然知道了這個消息，龍山的美軍基地不是要遷移嗎，基地遷移加上漢江路一帶的建築太陳舊，所以就傳出了再開發的消息，我現在被這些房地產搞得焦頭爛額，一會兒是綜合房地產稅，一會兒又是轉讓稅，腦袋都快爆炸了。」

陳有天豎起了耳朵，再開發就意味著這方面的投資回報率有可能是現在市場投資回報率的好幾倍，要是自己把房子賣掉，還完貸款後大約還剩四百萬元，自己還有一些業績獎金，用這些錢再加上一些貸款就能進行投資了。

陳有天讓金主任幫自己介紹一家房地產投資顧問公司，反正自己也在尋找價格合適的房子，要是順便還能進行投資，這豈不是一箭雙鵰。

陳有天按照金主任給的電話號碼打了過去，房地產投資顧問公司說現在是在龍山區的再開發區域內投資房地產的絕好機會。

「現在有太多的人都在盯著這個地方，估計再過一兩天這裡的房子就銷售一空了，如果你有購房意向，最好先趕緊交上一、二十萬的定金。」

陳有天細想了一下，剩餘房款反正也是等入住後再支付，到時他把現在的房子賣掉便能解決資金問題，至於一、二十萬的定金也可以透過貸款來獲得，陳有天與房地產投資顧問公司約好一同去龍山實地考察一下。

「陳先生，你正好不是要搬家嗎，那就搬到這裡吧，你看看這裡的環境，兩年前那邊的老房子被拆後建了別墅，你要是選擇入住這裡，等到再開發時就能大賺一筆，用這些錢還能換大一點的房子，何樂而不爲呢？」

如果進行再開發的話，再開發區域內的房子肯定很破舊。但與陳有天的想像不同，這些建築從外觀看起來還很新。由於沒有與屋主取得聯繫，陳有天先行支付給房地產公司十萬元的定金，辦完此事後他很有成就感，覺得妻子肯定會非常滿意自己的決定。

「老婆，我們好像要開始走運了。」

「什麼意思？」

吃完晚飯後妻子坐在一旁削著水果，陳有天便把今天所發生的事說給她聽。

「我的天，這麼大的事你說都不說就自己決定了？況且我們現在還沒有賣掉房子。」

「對不起，但這確實是個好機會，機會不等人啊，下一次就要再收五十萬元了，妳就別擔心了，對了，下週我就能拿到業績獎金了，用這些錢來支付這筆錢不就行了嗎，沒啥可擔心的！」

「不對吧，你們公司都到了要員工交還公司宿舍的地步，財務這麼緊縮的時候，怎麼還會發業績獎金呢？」

「當然這次的業績獎金不會像之前那樣每人都有，只有那些業績優秀的部門才有，這次我們部門因工作業績突出，每人最少也有三、四十萬元吧。」

陳有天的這句話讓妻子緊繃的神經鬆弛下來，她準備明天去現場看一下。

第二天，利用午餐時間他和妻子來到已付完定金的別墅前。

「我還是覺得住宅社區更好一些，這棟房子有兩年的時間了，看起來還挺新的，內部設施不知怎麼樣？」

「哦，昨天我還沒進去，屋主不在家，所以一直沒聯繫上。」

「我說，你連屋主的面都沒見著，也沒看過房子內部，竟敢把合同簽了？」

「房地產公司說要是再等一兩天，這裡的房子就全賣光了，妳說怎麼辦，情況這麼緊急……」

陳有天責怪妻子老是糾纏這些細枝末節。

既然來了就得看看房子內部情況，妻子按響了門鈴。

「誰啊？」

「您好，我們是昨天簽了房屋合同的人，想看看房子內部的情況。」

「什麼？」

屋主氣憤地說自己沒說要賣房，怎麼會冒出房屋合約來。

「最近都在謠傳這一帶要進行再開發，因此出現了很多詐騙事件，你們簽合約之前怎麼不事先打聽清楚？」

屋主拒絕了他們進屋的要求，冷漠地關上房門。

陳有天一屁股坐在了地上，妻子提議趕緊去找房地產公司，把陳有天拉了起來。

在前往房地產公司的路上他們一直給昨天見面的人打電話，但手機一直處於關機狀態，隨著離房地產公司越來越近，陳有天的心跳也在不斷地加快。

當隨處亂扔的紙片和丟棄不用的舊桌子呈現在眼前時，一切都眞相大白了，陳有天痛恨自己的愚蠢，竟然在幾天之內就落入別人設好的陷阱，但現在已是覆水難收，說什麼都晚了。

「眞是貪心惹的禍啊！」

妻子勃然大怒，痛斥陳有天的糊塗行爲，陳有天答應妻子今後再也不會被貪心蒙蔽了眼睛，會老老實實地按照馬修教授的建議一步步地實現自己的財務構想，希望妻子能夠諒解他，雖然妻子的怒氣一時難以消除，但事已至此，只能安慰自己至少沒有放進去更多的錢。

兩週後，陳有天和妻子根據他們的經濟實力租了一間二十二坪的房子，雖然房子已經有幾年了，但不管怎麼說找到了一間適合的住房還是値得慶幸的，爲了避免與上次犯同樣的錯誤，這次他們要求對方在出示營業執照副本和屋主身分證後才簽下合約。

在沒有債務的壓力後，陳有天心裡舒坦多了，並找回了往日的自信。在房地產仲介公司簽完合約後，陳有天和妻子站在夕陽西下的街道旁，注視著他們新的安樂窩。

「好吧，那就重新開始吧，從現在起只要堅決執行財務預算，終會有撥雲見日的那一天，加油，陳有天！」

Chapter 4

$

富足生活最大的敵人——延誤時機

沒有準備的退休生活會將擔憂變爲現實，籌集退休生活資金的最大障礙是錯失時機。準備好能承載起來未來的保障資產、退休資產和投資資產這三大資產就能一生不缺錢。

羅富東的鐵飯碗沒了

公司樓下的大廳裡橫幅和紙張散落了一地，看得出這裡曾有多麼混亂。

「政府必須立即終止國營企業民營化政策！」

「誓死反對人爲的結構調整！」

懸掛在建築物不同角落的橫幅反映了員工們的迫切心聲，不久前這裡還到處是叫嚷聲、口號聲，甚至還夾雜拳腳相加，現在只剩下步履匆匆的員工和清潔工，羅富東經過這個令他感傷的大廳，進入電梯。

一進辦公室，同事們都將視線集中在他身上，他很怕接觸到眾人的同情眼神，迫不及待地將自己的東西塞進紙箱中。

「呼……」

從辦公室出來進入電梯後，他不由得長呼一口氣，從現在起他再也不用面對那些投向自己的同情目光了。

羅富東怔怔地看著手中的紙箱，這個地方自己待了近三十年，留下的東西竟然還裝不滿一個紙箱，自己的年齡也在不經意間到了五十四歲。五十四歲，這是一個很難再重新開始的年齡。

「至少現在不是寒冷的冬天，既然春天已經到來，一切都會變好的。」羅富東點燃一根香煙，這麼安慰著自己，但走向停車場時他還是感到腳步沉重，把紙箱放在車上後正準備發動汽車，手機鈴響了，是王志海打來的，猶豫片刻後，他接了電話。

「哥，是我，志海！」

「噢，你好，有什麼事？」

「啊，也沒什麼事，我們都一年多沒見面了，想和你見個面，大家似乎都比從前忙多了，今天你過來一起吃頓飯吧，有天和英俊兄也在，可一定要來哦！」

羅富東雖然不大情願，但拗不過王志海的熱情，只好答應了。在經過公司大門時他看見有幾個人聚在一起喊著口號，他的心裡一陣難受，想趕緊離開這個傷心地。這時一個與他同部門的年輕人正好看見了他，年輕人好像有什麼話對他說，朝羅富東的車子走來，羅富東一踩油門衝了出去，到了這個地步他覺得自己已無話可說。

烤架上肉吱啦啦地響著，但誰都沒有胃口，大家用筷子撥拉著自己面前的小菜，本來還打算將這次聚餐當作遲來的新年聚會，但很明顯，大家的心思都不在這上面。

「對了，家誠在一月份出院了。」

王志海首先打破了沉默。

「病情好轉了？」

陳有天的話音裡流露出喜悅之情。

「倒不是，醫生說即便手術，效果也不會理想，讓他先堅持下去，於是家誠兄就決定出院，醫院的醫療費又那麼高，也只能這樣了。」

「當時他要是買份癌症保險就好了，看著家誠兄就這麼倒下，我眞爲他沒買保險而惋惜，他一倒下等於家裡的支柱沒了，我現在覺得爲了全家人的幸福，必須得買健康保險和癌症保險。」

陳有天想起馬修教授曾說過保險的重要性。

「可是富東兄，你怎麼也悶悶不樂呀？我知道你也在替家誠擔心，可是連你都這樣，今天這飯吃得就太鬱悶了，越是這個時候就越要看開些。」

吳英俊把烤好的肉夾在羅富東的面前，對著羅富東說道。

「是啊，今天富東兄好像一句話都沒說，是不是有什麼心事？」

王志海目不轉睛地盯著羅富東。

羅富東像是十分口渴一樣，喝了一大口水，和盤托出了自己成爲公司結構調整的犧牲品這件事，這讓所有人一時不知該如何安慰，只是呆呆地望著他，這時羅富東開口了：

「你們啊，千萬別像我這樣，我之前老是覺得人這一輩子無論遇到什麼困難，總會船到橋頭自然直，可人生並不是我想像的這麼簡單啊！」

身爲獨子的羅富東家境比較富裕，大學畢業後就進入公家機構電力公司工作，一路走來幾乎沒遇到什麼挫折，生活可謂一帆風順，因此他是個不折不扣的樂天派，由於還將從父親那裡繼承家族生意，所以他並不把上班當回事。

「不會吧，和你同時進公司的人全都晉升了，就你還原地不動，怎麼搞的？」

儘管周圍很多人都對此疑惑不解，但羅富東卻不想多做解釋，因爲在他看來公司只不過是個踏腳石的地方。

「哈哈，我們公司的工會很有勢力，總不至於解雇我吧！」

對於羅富東來說，任職公家機構的電力公司就是他的鐵飯碗。

但自從羅富東父親的公司宣佈倒閉的那一天起，一切都發生了改變，大量的資產在瞬間蒸發，父母的房子也被拍賣，贍養父母的責任落到羅富東這個獨子的頭上，他只好把父母接過來一起居住，負擔父母的生活。雖然公家機關給的年薪不少，但這突如其來的重擔還是讓他有些吃不消。最初因爲情況比較急迫，妻子並沒有反對他這麼做，但時間一長，妻子與公婆之間就出現了一些不和。

「你和你媽說，怎麼到了這個時候還以爲自己是有錢人。」

「妳這話是什麼意思？」

突然失去靠山的羅富東本來就因爲單位上的事而身心俱疲，聽到妻子這麼說頓時火冒三丈。

「她說要買化妝品，我就把信用卡給了她，結果她竟然買了二萬元的化妝品，我說，以我們目前的狀況，我們能承受二萬元的化妝品嗎？」

「一輩子都是這麼過的人，怎麼可能一覺醒來就變成另外一個人？況且難道就因爲少了這二萬元，我們就要餓肚子了？我賺的錢足夠養活我們一家人了，以後妳不要再跟我說這些雞毛蒜皮的事！」

羅富東的妻子對公婆的不滿日益加劇，由於公婆不僅沒帶給自己什麼財產，反而增加了他們的經濟負擔，她甚至因此而產生了怨恨情緒。

「我搞不懂爸媽怎麼還活在過去，要是沒錢的話，可以和其他老人一樣找點事做，幫子女分擔一些負擔啊，現在生活費暴漲，連孩子們的教育費都是個問題，我眞是煩死了。」

「什麼？我爸媽是外人嗎？要是生活費高的話，教育費少花點不就行了。」

「說什麼呢？你話說完沒有？」

妻子被激怒了，因爲信奉「教育是爲未來所做的最好投資」這一觀點，一放假她就會送孩子到國外學習，還同時讓孩子上各種補習班和培訓班，家裡多出來的錢幾乎都花在了孩子的教育上。

「對孩子的投資就是保障我們退休生活的投資，等孩子們長大有出息了，我們也能享享孩子的福。」

無論發生什麼情況，妻子都絕不允許其他任何事情干擾到子女的教育。

幾天後，投資失敗而整日意志消沉的父親因爲高血壓住進了醫院，在醫院裡又出現腦出血，被轉移到重症病房，因爲需要住院觀察好幾個月，這使得醫療費支出變成了天文數字，此前一直以爲自己能繼承父親公司而無憂無慮的羅富東幾乎花光了所有積蓄，然而這還不夠，爲了籌集醫療費他只得將自己住的房子賣掉，開始租房子。

搬進小房子後，妻子的不滿達到了極點，孩子們也毫不掩飾地抱怨著小房間所帶來的不便，羅富東掙扎了好長時間，終於決定將父母送進近郊的療養院，雖然心裡老是惦記著父母，但一想到父母不用再看妻兒的臉色度日，也覺得這對他們來說未嘗不是件好事。

沒過多久，他發現子女的教育費仍是個不小的負擔，而且有加重之勢，他的薪水除去子女教育費和生活費後所剩無幾，即使這樣他對自己的鐵飯碗還是抱有很強的信心。

終於有一天問題出現了，爲他提供鐵飯碗的單位根據政府的公家企業民營化政策，要將羅富東所屬的發電部門轉爲民營化。

「這可怎麼辦？羅前輩，現在公司乾脆直接鼓動大家提前退休，特別是那些反對公司民營化的員工已經被逼得沒有退路了。」

一旦民營化，爲提高競爭力，公司必然會進行深度的結構調整，羅富東生怕自己成爲結構調整的犧牲品，因此每次反對結構調整的集會都少不了他的身影。

「這樣坐以待斃也不是辦法，一直以來我在工作中都沒有出現重大失誤，估計公司也不會讓我提前退休，可是一旦進行結構調整，裁掉一部分員工後，接下來必然會削減年薪和廢除獎金，這樣一來拿什麼去支付孩子的教育費和父母的療養院費用？哎呀，這樣絕對不行！」

一想到家人都指望著自己，他決心抗爭到底。

但是事態的嚴重性遠超出他的想像，羅富東在單位工作了快三十年，工作能力雖不算出眾，但也不是盡惹麻煩的無能之輩，在單位的表現也還說得過去，但是這次結構調整的矛頭卻直指像羅富東這些員工，主要是因爲他們年薪高而且年齡大，在自己的崗位上已很難再有大發展。

高層開始向員工們施壓，忍受不了的員工相繼離開了，高層透過單獨面談傳達完人事政策後，再作出提前辭退、留職、降職等不同決定，一時間大家都在猜測黑名單上的名字。

羅富東得到通知經營管理部的部長要找他談話，他和其他人一樣對這次談話有種不祥預感，擔心厄運會降臨在自己頭上，但他始終都覺得自己頂多就是被降職，腦子裡已經盤算好該怎樣應答。

羅富東覺得自己不能表現得過於膽怯，因此在談話中始終保持強勢姿態，他力斥結構調整的不正當性，反覆強調要讓工作認眞的人安心工作，改善他們的待遇，部長打斷了羅富東的話，指明這是公司總裁的意思。

「我找你談話並不是想和你探討這些問題，公司總裁說了，我們現在需要的不是工作認眞的人，而是工作優秀的人。」

此言一出，羅富東明白自己不必再說下去了，這句話等於是說高層已作出將他辭退的決定，讓他萬萬沒想到的是，自己竟然排在被除名名單的首位，就算是努力工作最後也難逃被一腳踢開的命運。

在部門待的時間越長，向上晉升的空間越小，與他同時進入公司的人都逐漸離開了公司，羅富東覺得自己一直堅守著這個崗位已算幸運，只是有時他也會從年輕人那裡感受到不少壓力，所以如果認眞分析一下，高層的決定也是預料之中的事，只能怪自己沒有對此做好準備。

「現在連吃飯都成了問題，我這把年紀了還能去哪兒上班，孩子們還在上學，不久就要結婚……要花錢的地方還很多，可自己卻沒了收入，我眞不想活了。」

說完自己的故事後，羅富東點燃一根香煙，也許是因爲沒怎麼吃東西的緣故，他抽了一口後便不停地咳嗽，眾人都不知該如何安慰，低頭陷入沉思中。

「唉……」

吳英俊大聲歎了一口氣。

「哥哥你和我爲什麼都成了這樣，我們到底哪兒做錯了，這種事怎麼就……」

吳英俊仍將責任歸咎於命運，去年他將公司的房子歸還後，就讓家人住到鄉下的父母家，自己則一個人住在公司附近的商住兩用房裡。

「我把孩子們都送到了我父母那去住，想著趕緊多賺些錢好讓一家人團聚，但是賺錢也不是一兩天的事，老實說我從不指望成爲富翁，只要一家人能在一起和和睦睦地過日子就已心滿意足了，可就這點要求怎麼還這麼難呢？」

「我也和英俊一樣，老是抱著得過且過的想法，不知道爲了今後的生活要提前做好準備，讓孩子們接受課外輔導，癡迷自己的業餘愛好，想開高級轎車……我從不認爲這些會與浪費扯上邊，總覺得所有人都是這麼活的，沒必要爲此而擔心，可事到如今卻連一間房子都沒有，你們看看我，今年已經五十四歲了，一間租住的房子就是我的全部家當，等到孩子們結婚時，還得給孩子們騰出一間房間，恐怕那時我就眞的變成窮光蛋了，現在這種擔心一直存在我的潛意識中，有時睡覺都會爲此而驚醒。」

羅富東又點上一根煙，他一口東西也沒吃，只是不停地抽著煙，這讓吳英俊很不放心，隨手將煙盒扔在一邊。

「你知道鐵飯碗沒了後我最大的遺憾是什麼嗎？就是當有固定收入時，不管金額多少，退休生活資金都在不斷增加，而現在卻不行了。退休生活資金就等於是種子，等到退休後就會結出果實來，恐怕你們對此並不瞭解，你們還年輕，從現在開始籌備退休生活資金還來得及，爲了不讓自己年老時後悔，趁能賺到錢的時候一定要提前爲退休生活做好準備。」

「哎呀，哥，這些傷心事就別說了，一切都會好起來的，你不還有退休金嗎，要是弄得好的話，用它說不定就能解決所有問題，只要把握住機會，人生就能打出反敗爲勝的全壘打，我會給你挑支好股票的，你就別擔心了。」

王志海打斷了羅富東的話，發表了一通不切實際的言論，這使得陳有天又開始擔心起信奉「人生就是一場賭博」的王志海。

「哥，你也吃點東西，打起精神來。」

吳英俊把烤肉夾在羅富東面前，勸他多吃點，羅富東和吳英俊兩人從性格到人生經歷都很相似，陳有天不敢想像他們該怎樣去面對今後的生活。

$ 大師解答，提前預約無憂人生

馬修教授的秘書給陳有天發來一張邀請函，邀請他參加一場針對職場人士的「提前預約無憂人生」的研討會，馬修教授是此次研討會的特約演講嘉賓，陳有天打算等研討會結束後抽空見一下馬修教授。

按照馬修教授的建議，陳有天把房子賣掉還了房貸，股票賣出付清銀行貸款，這樣每個月還能剩餘一些錢，儘管數額不大，但他還是想聽聽馬修教授關於資金管理方面的意見，正好有這麼一場研討會，這對他來說是個千載難逢的好機會。

由於是下班尖峰時段，路上車子塞得很厲害，七點過後他才趕到研討會舉辦的地點，陳有天坐在最後一排，待與會人員都入座後主持人開始介紹馬修教授，幾句簡單的開場白後馬修教授便正式開講，陳有天感覺自己似乎又回到了十年前的大學時代。與一般演講不同的是，此次演講採取的是研討會的形式，馬修教授更注重與聽眾的互動，整個會場的氣氛顯得很輕鬆。
「今天是初伏，按照傳統應該喝參雞湯吧，大家今天都喝參雞湯了嗎？」馬修教授拋出這樣一個輕鬆的話題後，大家便紛紛談論起參雞湯來。
「當然喝了，對年紀大的人來說健康就是財富，年輕時要吃好，到老了才不會受罪，我今天就喝了兩大碗呢，哈哈哈！」
一位五十來歲的人雙手拍打著肚皮回答道，他滑稽的表情一下子把大家都逗樂了。
「是嗎？看來無論什麼事都必須在年輕時就做好準備，否則到老了會很辛苦。今天我給諸位演講的主題就是如何擁有一個安定的退休生活。不久前一家報紙以三十多歲到五十多歲的職場人士爲對象進行了一次問卷調查，調查的問題是你對自己的退休生活是否感到不安以及你在這方面做了哪些準備工作，你們知道調查結果是怎樣的嗎？」
「退休生活準備」這個詞對於陳有天還比較陌生，在他的理解中，才三十五歲的自己離退休還有二十年，還談不上什麼退休生活準備，那都是快要面臨退休的四十五～五十五歲的人要考慮的事情，但是自從看了羅富東的遭遇後，他覺得自己得把退休時間再往前提。馬修教授剛起個頭，陳有天就感到今天算是來對了。

一生中從手上經過的錢達四千五百萬

「三十多歲至五十多歲的人幾乎都不太顧慮自己的退休生活，因爲需要花錢的地方很多，退休生活準備的問題自然也就被人們所擱置。」

一位看起來三十歲出頭的年輕人回答道，人們紛紛點頭表示贊同。

「你回答得很對，調查結果顯示，爲退休生活準備的人還不到被訪問人數的一半，大部分被訪問者都說教育費、房貸、生活費等支出已佔據收入的絕大部分，這使得他們無力再去存退休生活資金，可問題是有百分之八十的被訪問者都對自己的退休生活感到不安，因而可以這麼說，雖然很多人擔心自己的退休生活，卻不知如何進行準備。」

馬修教授把問卷調查的結果投射在螢幕上。

「今天坐在這裡的人大部分都還很年輕，我今年才三十出頭，我現在似乎沒有必要爲退休生活做準備吧？我離退休還有二十多年呢。」

一位自稱三十歲出頭的人帶著一絲不屑的眼神問道。

「哈哈，你是這麼想的？那我先問個問題，六十五歲以上的老人中能夠安享退休生活的人佔多大比例？」

人們開始和自己身旁的人交流起來，會場暫時熱鬧起來。

「是不是百分之七十～百分之八十？」

一位看起來四十歲出頭的體格健壯的男子自信地說道。

「沒錯，至少有一半以上的人用年輕時賺到的錢就可以安享自己的退休生活。」

與會者各自發表完意見後，大家等待著馬修教授的答案。

「很遺憾，事實並非如此，調查結果顯示，百分之四十以上的老人需要接受子女或親戚的幫助，而不需別人幫助、只憑年輕時積攢的錢能在經濟上獨立的老人僅有百分之十。」

只有百分之十的老人不需旁人的幫助，在經濟上實現獨立，這個結果一公佈，現場頓時一片騷動。

「現在退休生活問題已成爲不可回避的問題，在座的大部分都是年輕人，在你們看來，退休生活離自己還很遙遠，當務之急是先安頓好目前的生活，作夢都沒想過還要對退休生活做準備。但是有一點是肯定的，就是我們每個人都不可避免地要迎來自己的退休生活，那麼，在座的諸位可以想像一下自己未來的樣子，由於諸位年紀不盡相同，年輕的想想自己三十年後的樣子，年紀大一點的想想自己十年後的樣子，我們從這些想像中尋找出一些共同點：今後我們的下一輩將比現在更難賺到錢，由於出生率減少和老年化問題，政府會從政策上入手，向年輕人徵收更高的所得稅、公共收費和醫療保險，目前這部分比率為百分之十～百分之二十，但是誰也無法保證未來不會增長至百分之四十～百分之五十，這使得將退休生活寄希望於子女的做法非但不現實，反而會連累子女，總的說來退休生活準備必須依靠自己的努力。」

馬修教授點擊了一下滑鼠，他身後的大螢幕上出現了下面這兩行文字：

就算行樂須及時，也不該放任晚景淒涼！

沒有準備的退休生活一定會讓你後悔莫及！

「各位有沒有想過從結婚到組織家庭直至離開這個世界，我們需要多少錢？」

馬修教授提問後，大螢幕上又出現一行文字：

我和我的家人想要幸福地度過一生最少需要多少錢？

「當然每個人的生活環境和條件各不相同，價值觀和消費觀也存在差異，但一般來說，要滿足一個家庭的基本生活需要所需的費用如下表所示。」

大螢幕上閃現出一張表格，人們伸長脖子仔細看起表格上的內容。（如下表）

「我的天，難道我們這輩子爲了全家眞的要花去四千多萬？」

「是啊，這個數字也太誇張了，要是不看計算依據，我眞的

● 從三十一歲到八十五歲的五十五年間家庭所需的費用

構成專案	總共費用	計算依據	說明
家庭生活費	21,600,000	15,000×4×12×30	城市居民家庭的月平均生活費為15,000元，一家四口，從31歲到60歲共計30年
退休生活費	9,000,000	15,000×2×12×25	兩夫妻從60歲到80歲
房款	12,000,000	40	30坪
子女教育費	2,400,000	75,000×2*16	每人每年7.5萬，兩個小孩，從小學到大學共16年
合計	45,000,000		

（單位：元）

＊ 按四口之家來計算，不包括貼補子女的結婚費用
＊ 沒有考慮購車費用和住房面積擴大費用
＊ 沒有考慮物價上漲因素

很難相信這是事實。」

大部分與會人員都對四千萬這個數目表示驚訝。

「從表中我們可以看到，在三十一～八十五歲這五十五年間一個家庭竟然要花掉四千多萬元，但更令人難以置信的是，這四千多萬元還不包括購車費用、住房面積擴大費用和子女結婚費用，這費用已經屬於最爲保守的估計了。」

馬修教授剛解釋完，一位坐在前排死盯著大螢幕的男子舉手示意：

「但有一點很奇怪，目前四口之家的平均年薪爲一百二十萬元，工作三十年不過才三千六百萬元，要是按工作三十年、消費五十五年的這種計算方法，豈不是還有九百萬元的資金缺口？」

「你的觀察很敏銳，發現了這九百萬元的秘密。」

馬修教授笑著說道，下面的人小聲議論起來。

「九百萬元的秘密？什麼意思？」

「也可能是湊巧吧，這缺失的九百萬元正好就是我們一生中所需要的退休生活資金，換句話說，當一個家庭的收入和支出都爲平均水準，到六十歲退休時將會身無分文，六十歲之後沒有了收入，但支出仍存在，因而在經濟上根本不能自立。試想一下，如果三十年後我們每天要爲生計煩惱，得看子女的臉色過活，要是自己或伴侶再有個三長兩短的，那種痛苦簡直無法用言語來形容。」

馬修教授話音剛落，一個人蹬的一下站起來大聲說道：

「不至於吧！我們辛苦一輩子難道還得看子女的臉色嗎？等我們把孩子撫養成人，自己有了更多時間和精力後，再來準備退休生活資金也不晚嘛，現在就爲了三十年後的事而活著，這樣的人生還有什麼樂趣，我們還很年輕，還能工作很長時間，有什麼必要現在就考慮今後的退休生活？船到橋頭自然直，我覺得沒有必要爲此擔心。」

一位三十出頭的年輕人向馬修教授表明了自己的反對態度，這些話讓陳有天想起了幾個月前見到的羅富東，安定幸福的生活是每個人的夢想，但世事難料，就拿羅富東來說，一夜之間有錢的父親破了產，自己的鐵飯碗也丟掉了。

「我們覺得自己還年輕，應該還能輕鬆地再工作二、三十年，這種想法本身就錯了。」

陳有天用眼神和馬修教授打了個招呼後，接著說道：

「我們總習慣於用一種盲目樂觀的心態來看待自己的現在和未來，但世事難料，誰能保證我們的一生永遠一帆風順，不會遭遇突然變故？」

陳有天向眾人講述了羅富東的故事，羅富東的意外遭遇讓很多人爲之唏嘘不已，都擔心他今後的生活將何去何從。

「能繼承財產，工作穩定，這些都讓他一直堅信自己的未來一片光明，但所有的一切都在一瞬間離他遠去。說實話這也讓我感到恐懼，我會擔心哪天我也丟掉了工作，或是家裡人突然得病需要巨額醫療費，所以說不能老是覺得自己今後二十年的收入還能和現在一樣，剛才這位老兄要是一直抱著那種觀點，將來肯定會遭到此種問題的，我今天來此的目的也是想和大家分享一些我的個人感想。」

陳有天再一次強調千萬不可將羅富東的事看作是別人的事。

「說得沒錯，我已年過四十，現在已開始擔心自己的退休生活了。因爲我每月的薪水只要一進賬，不用多久便一分不剩，我眞是心急如焚啊，要是一直這樣下去，不爲將來做些打算，想必等我老了，肯定會變成身無分文的窮光蛋！」

一位年過四旬的人說感覺自己活得渾渾噩噩，卻又不知該如何結束這種狀態，希望馬修教授能給點建議。

「我們總是擔心事情會發生變化，因爲目前的這種平穩狀態對我們來說是最舒適的，當然我們也會對自己的未來生活有種隱隱的擔憂，可如果馬上就爲退休生活做準備勢必改變目前的一些生活習慣，於是乎我們就將此事一拖再拖。然而，如果我們不能從目前安定生活的誘惑中走出來，不去經歷變化帶來的陣痛，那麼我們的未來將暗淡無比，因此**我們絕不可以坐視這一切而不去尋求改變**。那麼，從現在起我們就來正式探討一下關於預備退休生活的問題。」

眾人感受到了馬修教授話裡的分量，不約而同地調整了一下坐姿，陳有天也拿出筆記本，準備認眞聽講。

為了幸福生活必須摒棄的觀念

「你們認爲在籌集退休生活資金的過程中最大的障礙是什麼？怎麼想的就怎麼說。」

馬修教授的演講步入正題後，大家的積極性變得更高了，紛紛給出了自己的答案。

「超前消費？」

「我覺得應該是類似定期儲蓄的被動投資策略。」

「忽視保險和養老金才是最大的障礙。」

……

大家七嘴八舌地說了起來。

「呵呵，你們說得都有道理，但還不是我想要的答案，還有其他的答案嗎？」

「錯失時機才是最大的障礙吧？」

陳有天看了馬修教授一眼，隨口說道。

「沒錯，你爲什麼會這麼想？」

「教授您以前在課堂上用了兩個小時的時間詳細說明了複利效果，當時在我聽來簡直就和魔法一樣，後來我才明白只要早一點開啓這個魔法，就能有更大的收穫。」

「哈哈，果然是我教出來的徒弟啊，也不知道是學生優秀呢，還是老師水準高？」

馬修教授的一句玩笑話讓現場氣氛輕鬆了不少。

「退休生活的預備中最大的敵人是時間，越早爲退休生活做準備，自己的負擔就越少，要是從二十多歲就開始準備，會幾乎感覺不到負擔的存在，但要是四十多歲才開始，就要承受相當大的負擔。」

安全的投資產品不等於安全的未來

馬修教授點擊了一下滑鼠，一張統計表顯示在大螢幕

分類	25 歲	30 歲	35 歲	40 歲	45 歲
距離 55 歲時間	30 年	25 年	20 年	15 年	10 年
到 55 歲時 1000 萬的終值（萬）	2,427	2,094	1,806	1,558	1,344
投資收益率 10%					
每月應投入	12,300	17,800	22,700	40,900	70,300

*假設物價上漲率爲每年百分之三。

上。

「我來舉例說明一下，假設我們從現在開始儲蓄，一直到五十五歲退休，退休生活資金按現在物價標準計算爲一千萬元，投資收益率爲每年百分之十，如果我們年齡爲二十五歲，每月只需存入一萬二千三百元便可實現目標，但要是三十五歲則需要月交二萬二千七百元，四十五歲則爲七萬三百元，大家可以看出這中間的差額有多麼大。」

「確實很驚人，我作夢都沒想到，我只想著等條件稍好一些再開始準備，卻沒想到由於錯過時機，日後需要花這麼大的代價去彌補，可爲什麼會出現這麼大的差額呢？」

剛才那位說自己難道辛苦一輩子還得看子女臉色的大嗓門男子張大了嘴，由衷地感歎道。

「這就牽涉到剛才那位陳先生所提到的複利效果，與只計算本金利息的單利不同，在計算複利時，還要將本金所產生的利息重新計入本金中，這麼一來，利滾利的複利會隨著時間的推移就像滾雪球一樣越滾越大。」

「所以說根據不同的年齡每月要支付的金額就會大不相同，要是現在就開始儲蓄退休生活資金，所要承受的負擔肯定比日後小。此外還有一點，我們還必須選對投資產品，在選擇投資產品時，安全性應該是首要考慮的因素吧？」

一位三十多歲的女士提出了自己的看法，所有人都點頭表示同意，覺得這沒什麼可說的，大家等待著馬修教授的反應。

「妳的這個問題提得非常好，但是在準備退休生活資金時，大家需要注意一點，就是不要盲目相信安全的投資產品，我們的意識中存在著一種盲點，就是誤以為選擇了安全的投資產品就能保證我們擁有一個安全穩定的未來，可我們還不能忽視一點，那就是必須保證收益率超過物價上漲率。」

這等於給那些抱有「安全第一」觀念的人潑了一盆冷水，所有人一下子都聽糊塗了，都在期待馬修教授隨後的解釋。

「由於諸位年齡不盡相同，那我就用三十五歲這個中間歲數來說明，在之前的例子中我們將投資收益率定為百分之十，但如果我們投資的是銀行定期儲蓄這種本金可獲保障的安全產品，是不可能達到這個收益率的，現在的定期儲蓄利率不到百分之二，如果再算上稅金，稅後的實際收益率更低，那麼請問在座諸位，有誰會把多餘的錢存入銀行？所以說對於經濟實力有限的人來說，要想提高收益率就必須承擔一定風險，退休生活資金的籌集需要一個很長的過程，而在這個過程中一味投資本金可獲保障的低風險產品是一種錯誤的投資策略，以美國最具代表性的養老金品種401K爲例，其中百分之六十五的投資都放在了股票市場上。」

「剛才我們是按百分之十的年收益率計算的，如果收益率是這個的兩倍，每月又要存入多少錢呢？」

一位在風險投資公司上班的二十多歲的男子問道。

「哈哈，果然是信奉『高風險高收益』的風險投資經理人啊，年收益率爲百分之十時是二萬二千七百元，百分之十五時是一萬五千元，百分之二十時則是八千一百元，怎麼樣？有些吃驚吧？」

提問男子緊皺的眉頭終於舒展開來。

不要執迷於房價的上漲

「下一個**我們需要摒棄的觀念就是對房價上漲的執迷**，我來到這裡後讓我深感吃驚的便是大家對於房地產有著近乎病態的喜愛，當然這有一定的歷史原因，但這的確是一種非常危險的現象，將一輩子大部分的收入全投資在房子上，不僅時間被軋進去，還因爲要償還房貸，很難再進行其他方面的投資，從而喪失掉很多重要的投資機會，從機會成本的層面來看，損失相當巨大。」

「但如果房價上漲後不就會彌補所有的損失了嗎？」

有人提出了這種假設，陳有天露出了苦笑。

「當然這個世界全部按照我們的想像來運轉是再好不過了，可就像日本泡沫經濟的崩潰一樣，萬一房地產價格出現崩盤，請問我們又將如何？」

馬修教授的突然提問讓現場鴉雀無聲，眾人面面相覷，無人應答。

「雖然人們對此想都不願去想，但萬一這種情況發生了，恐怕將給一個家庭的財務帶來巨大的赤字。我們再看一下前面這張表，三十五歲的人要想在五十五歲時賺到與目前一千萬元價值相等的資金，在年收益率爲百分之十的情況下需要每月存入二萬二千七百元，如果收益率上升到百分之十五，每月只需存入一萬五千元，說是說一萬五千元，但這畢竟也是一筆不小的開支，那麼還有沒有其他辦法？有，可以透過閒置資金來解決。一般情況下年紀越大的人手上的閒置資金越多，如果利用好這些閒置資金，每個月我們就不需要爲退休生活存太多的錢，假如有五十萬元的閒置資金，按照百分之十五的年收益率，以複利的方式來計算，在二十年後積蓄額就能達到八百一十八萬元，這就大大減輕了我們每月的存款負擔。**在這樣一個房地產估資產比例極高的國家內，我們不能過分高估房地產的價值，要根據自己的實際情況，果斷地減少房地產的比重，將主要精力放在籌集金融資產上，透過金融投資來為退休生活做準備。**手中的閒置資金、收益率、時間都會對最後的結果產生影響，以下我們事先設定好閒置資金和收益率，看看在這些條件下我們每月要爲退休生活存入多少資金。」

大螢幕上出現一張較之前稍作變動的表。（如下表）

「諸位仔細觀察我身後的表會發現，

分類	25 歲	30 歲	35 歲	40 歲	45 歲
到 55 歲時 1000 萬的終值（萬）	2,427	2,094	1,806	1,558	1,344
投報率 15%					
假設現有閒置資金（萬）	10	30	50	80	100
55 歲時閒置資金終值（萬）	662	988	818	651	405
與目標差額（萬）	1,765	1,106	988	907	939
每月投入	3,383	4,333	8,034	15,886	38,556

（單位：元）

＊以通膨率百分之三計算物價上漲，直到五十五歲所需一千萬之等值資金。

在年齡相對較小時，即便是小額的閒置資金也能大大減少每月的存款額，相反年齡越大，爲了減少每月存款額，就要付出更多的閒置資金，爲什麼我們說要及早爲退休生活做準備，就是基於以上原因。也許在座的有人會一直以來偏向於房地產投資，那麼現在很有必要好好考慮一下是否應該減少資產結構中房地產所佔的比例，學會利用閒置資金來創造收益。不管怎樣有一點是肯定的，那就是如果能利用好閒置資金的複利效果，每個月爲退休生活存入的金額必然會減少，希望大家能夠根據自身的財務情況，就用於退休生活的閒置資金和每月存款額設計出一個合適的比例。」

子女教育與退休生活，哪一個比較重要？

隨著演講內容的一步步深入，與會人員的神情顯得更專注，所有人都拿出小本子或筆記型電腦聚精會神地做著記錄。

「下面我再來說一下子女教育費問題。嗯，這也是一個十分敏感的話題，我相信大家對子女教育的狂熱程度絕不亞於房地產，幾乎已經上升到宗教式崇拜的地步，花錢自不必說，我接觸到的一些家長在必要時甚至會犧牲自己的一切來讓子女受到最好的教育。」

「我們也不能光看到它不好的一面，讓子女接受教育其實也是一種投資，日後等結出果實後自然會得到回報，說得直接一點，現在讓孩子多學一點東西，等孩子長大後年薪不就能拿得更高嗎？所以這不能叫花冤枉錢，你們說對不對？」

有人站出來大聲地發表了自己的不同意見，末尾還希望得到其他人的支持，「沒錯」的回應聲此起彼伏，馬修教授一語說中，子女教育問題的確是一個敏感話題。

「我不否認教育是一種很穩妥的投資，但問題是在教育熱和競爭心理的驅使下，課外教育費已經飆升至普通家庭難以承受的地步，平均一個家庭的子女教育時間長達二十年，這就意味著在這二十年的時間你根本不必去幻想還能進行其他的投資。」

馬修教授又補充說與**預備退休生活衝突最大的項目便是子女教育費**。

「即便是因爲子女教育而不能進行其他的投資，大部分的父母還是會毅然選擇子女教育，因爲等我們老後唯一能指望的人只能是自己的孩子……不能光是考慮自己而忽視了孩子的教育，否則將來孩子肯定會怨恨父母，反正我是不想讓孩子這麼怨恨我。」

一位戴著厚厚邊框眼鏡的四十多歲的男子認爲就算是爲了自己的退休生活也絕不能放棄對子女教育的投資。

「沒錯，別人家孩子都學這學那，光是我們家孩子不學，這怎麼可以？」

坐在陳有天前面的女子喃喃自語道。

「當然選擇權在你們自己，但是我們眞的要靜下心來好好想想，爲了子女的教育甚至不惜犧牲包括預備退休生活在內的自己所有的一切，這麼做眞的是爲子女好嗎？要是很難同時負擔起子女教育費用和退休生活資金儲備費用，那就必須給兩者排出個先後順序，如果我們決定將預備退休生活放到後面，傾全力支援子女教育，那麼日後就會讓子女背負贍養自己的重擔；反之，如果我們能犧牲一些對子女的教育投入，那麼子女則無須背負這個重擔。」

當馬修教授說出沒有準備的退休生活會讓子女背負重擔的話後，會場裡一片寂靜。

「下面我要給諸位展示一封曾經聽過我講座的人寄給我的信，請看！」

一封信件躍然於大螢幕上。

我是一名四十歲的家庭主婦，女兒今年讀大三，兒子正在重考，去年兒子考上了××大學，但後來他又想考更好的大學，所以在交完註冊費和休學申請後，他又走進了重考班。丈夫在看到兒子的重考班學費收據後，長歎了一口氣，幾天前丈夫看到報紙上一篇名爲《爲退休生活而理財》的報導時也發出過同樣的歎氣聲。

「今年四十五歲的王總監準備六十歲退休，假設從六十歲到八十歲的二十年間他每月的支出爲二萬五千元，那麼他必須在六十歲時存夠六百萬元的退休生活資金，要想在十五年的時間存夠這筆錢，從現在起就要每月存入一萬四千三百元（投資年收益率爲百分之十的複利產品）或每月存入二萬四千元（投資年收益率爲百分之四的複利產品）。」【*此計算方式爲年初投入，原算式：155萬÷（35.95-1）÷12≒3700】

按照報紙上的説法，至少每月要爲今後的退休生活投入一萬五千八百元，由於我始終堅持每月將二萬元花在子女教育上，丈夫爲此十分擔心日後的生活，經常和我唱反調，要麼在我耳邊嘮叨個不停，要麼整天唉聲歎氣。雖然我也不希望自己老後給子女添負擔，可是也總不能不管老大的學費和老二的重考吧，所以這每月二萬元是無論如何也不能當作退休生活資金，爲了子女我們做父母的幾乎付出了一切，可我們自己的退休生活該怎麼辦？最近經常有報導説不少老人將自己的一輩子都給了子女，可到老了卻過著孤苦伶仃的生活，看到這些我就更覺得指望子女來照料自己的退休生活簡直就是在欺騙自己，我們這一代人負擔父母的退休生活都有一定難度，更何況形勢更爲嚴峻的未來，我們又怎麼能指望我們的孩子來照顧自己？

所有人的表情都很嚴肅，似乎都在思考著什麼，陳有天其實藉由羅富東的遭遇早已發現對子女教育的過度投入存在很大弊端，他一邊讀著大螢幕上的文字一邊不住地點頭。

「這個問題的確很難讓人做出抉擇，經常有人會向我諮詢有關退休生活資金籌備的問題，這些年紀在三十歲到五十歲出頭的人都能深刻感受到籌集退休生活資金的重要性，但其中很多人卻訴苦說自己拿不出錢來做這件事，那我就想問了，如果子女的教育需要錢，你難道也會抱持這種態度嗎，無論如何也不給子女支付教育費？我想大家的做法應該是不顧一切給子女籌集費用吧。因此要讓他們選擇是退休生活基金重要，還是子女教育重要，許多人覺得很難，但奇怪的是，從這個問題中，我們卻能很輕易得到答案。」

馬修教授說到這裡，會場裡的氣氛顯得有些沉重，大家都在等著馬修教授下面的話。

「如果諸位的孩子已經到了明辨事理的年齡，我建議大家直接去問問孩子。如果孩子尚小，你們可以處在孩子的立場來考慮這個問題，退休生活基金不僅是夫妻的事，同時還關係到孩子的未來，如果由你的孩子來贍養你，那麼他將在他二十九年的工作時間內履行二十六年的贍養義務，這樣一來，你所深愛著的、希望他事業有成的孩子的事業必然很難到達你所期望的高度，所以說爲了孩子而犧牲自己的退休生活基金，將所有精力全放在孩子的教育上，這在客觀上並不能幫助到孩子的未來。所以我說退休生活基金必須優先於子女教育，同樣買房或購車這些財務支出與它相比也只能位居次席。基於預備退休生活的重要性，我們今後無論遭遇什麼經濟困難，都不能將用於退休生活應對的資金挪爲他用，必須對其進行分開管理，希望諸位能立刻行動起來，首先試著將百分之十的子女教育費轉爲退休生活資金。」

馬修教授說完這些後，會場十分安靜，所有人都一言不發，陷入沉思。馬修教授讓大家先休息十分鐘，人們便三三兩兩地離開座位來到走廊上，陳有天也來到外面，窗外夜色已濃，馬修教授說過的話又一字一句地閃現在眼前，其中「就算行樂須及時，也不該放任晚景淒涼」這句話始終在他的腦海中揮之不去。

「我的擔憂會變爲現實嗎……絕對不能，一定不能讓這一切發生，就像教授說得那樣，最重要的是馬上行動起來！」

Memo

誘惑和盲點　現在都忙不過來了，還管什麼三十年後，等我真正退休了一切都會變好的。

理財建議　現在的準備決定今後三十年！沒有準備的退休生活必然會讓你追悔莫及，重要的是從今天開始，從現在開始！

準備好三大資產，一生不缺錢

十分鐘的休息時間過去了，大家回到座位上，陳有天也將杯中的咖啡一飲而盡，回到座位上打開筆記本。等所有人都入座後，會場的燈光暗下來，大螢幕上閃現出一行文字，大家趕緊仰頭看。

三大資產

「最後我想和諸位說一說關於如何籌集人生『三大資產』的問題，有人知道三大資產是哪三大資產麼？」

「所謂三大資產是不是股票、儲蓄和房地產？」一位戴著金邊眼鏡的中年人自信滿滿地回答道，陳有天也是這麼認爲的，馬修教授輕輕一笑，似乎這個回答已在他的預料之中。

「每當我提出這個問題時，很多人的腦海中浮現的都是股票、儲蓄和房地產這三樣東西，但我所指的這三大資產是用手觸碰不到的，但卻是確實能承載我們未來的資產，在諸位的資產目錄中絕不能少了它們。」

馬修教授的話讓陳有天側著腦袋思考起來，如果三大資產不是股票、儲蓄、房地產，那麼又該是什麼？冥思苦想中，大螢幕上「三大資產」的標題下又以動態效果的模式彈出另外三行文字：

三大資產

1. 保障資產
2. 退休資產
3. 投資資產

「保障，退休，投資？」

陳有天有點不明白了，在他看來，既然說的是資產，那應該是一些理財的基本項目，怎麼大螢幕上卻意外地出現了這麼幾個詞語，其他與會人員的臉上也露出了和陳有天一樣疑惑的表情。

「我剛才說得很清楚，我把這些資產稱爲『承載未來的資產』，現在我們手頭上有多少錢我並不關心，爲了未來而準備的資產才是我想探討的內容。」

馬修教授的臉上仍然帶著微笑，似乎眾人驚訝的反應讓他覺得很有趣。

準備好保障資產！

大螢幕上又出現這麼一行字，馬修教授繼續往下解釋：

「那就讓我們先認識一下三大資產中的『保障資產』，諸位努力工作換來的是固定收入，但是如果有不幸降臨到自己頭上，比方說自己或家人突然身患重病，或是遭遇事故，隨之而來的必然是大額的支出，如果不湊巧，這些變故正好發生在入不敷出的四五十歲時，顯而易見，家庭財務必然遭受重創，而要想東山再起，已是難上加難。爲了應對這種情況，我們就必須準備保障資金，也就是大家常說的保險。」

馬修教授強調爲了應對突發情況必須購買保險，其架式儼然是名保險設計師，這讓陳有天回想起幾年前一位保險設計師也曾說得這麼嚇人，鼓動自己購買保險，在和馬修教授談論過張家誠的事後，陳有天已充分認識到保險的重要性，但由於現在並不能立刻享受到保險所帶來的好處，他還是不能馬上就下決心。

「保險確實能幫我們度過一些難關，但是各式各樣的保險費用也是一筆不小的開支，說老實話，我總感覺把錢拿去買保險和扔在路邊沒什麼區別，這太讓人心疼了，而且當保險期滿後，一部分本金還拿不回來，所以我一直對它很感冒。」

有人說出了自己的內心想法，陳有天十分高興，人群裡也有不少人應和。

「不能把購買保險看作是白白扔錢，當負面事件致使我們經濟出現困難時，**保險就是一種提供救援的安全裝置，幫助我們克服困難**，走出逆境，總而言之它就是我們的『保障資產』，並且如果我們仔細觀察各類保險產品，會發現自己的錢並沒有白花，相反的它還能滿足我們的理財需求。」

馬修教授再一次強調保險是能夠在未來遭遇變故時提供經濟補償的優秀資產，建議在座的人都要去諮詢專業的保險設計師，根據自己目前的資金和身體狀況挑選合適的保險產品。

「我絕對同意您必須持有保障資產的觀點，不久前客戶公司的一位總監因癌症做了手術，如果之前他沒買保險的話，那麼他一下子就得拿出近十萬元，沒有人會替他支付這筆錢。如果某些人擁有足夠的備用資金，或許可以不必考慮此事，但對於大部分人來說，哪怕存在著債務問題，也要進行這方面的投資。」

說這話的人說自己在探視完病人後很快就買了癌症保險和人壽保險，一聽此言，很多人的想法開始動搖。

「沒錯，它所提供的保障實際上是『針對未來的一種資金擔保』，在身體健康的年輕時期將收入的百分之五～百分之八作爲保障資產，就能應對一切突發狀況。」

馬修教授將眼睛轉向大螢幕，輕輕一按手中的遙控器，畫面又更換成另一行文字：

準備好退休資產！

「有了保障資產後就應該考慮退休資產了，我剛剛已經強調過預備退休生活的重要性，我就不再多說了。」

馬修教授喝了口水，繼續說道：

「退休就意味著今後將不再有收入，各位年輕時能用收入負擔起一家人的開支，而退休後沒有收入，因此在年輕時就必須把費用提前預備出來，當然從國家的角度來說，養老金制度就是爲了預備此類情況而建立的，今天在座的都是職場人士，估計大部分人每個月的薪水中有一部分是繳納了退休金吧？」

「退休金？」

陳有天知道退休金存在很多爭議，他本人也不太看好退休金，馬修教授一提到養老金，會場裡頓時熱鬧起來。

「可實際上養老金並不安全，任由現在這個態勢發展下去，它肯定會有枯竭的一天，現在不是有傳言說養老金已經入不敷出了嗎？」

「哈哈，我從報紙等各種媒體瞭解到養老金存有很大爭議，今天我要是在這裡評判政府的養老金制度顯然不合適，但有一點確鑿無疑，那就是當諸位退休後，光靠養老金遠遠不夠支付開支，所以我們必須透過追加養老金或儲蓄的方式來籌集退休資金。」

此前陳有天每當和別人討論起養老金時，對於政府他總是極盡嘲諷之能事，從來沒有考慮過相應的對策，可越是嘲諷反而越讓人感到他曾經其實非常相信養老金，馬修教授看穿了陳有天的想法，接著往下說：

「這麼說吧，**要想讓自己的未來得到最堅實的保障，只能依靠自身的努力，而不能指望他人**，養老金也是一樣，它有可能像諸位擔心的那樣極不穩定，也可能像政府承諾的那樣成爲退休資產，怎麼辦？我們是不是有些模糊了？到底該相信誰的話，既然我們一時無法確定，那我們就要找到我們能夠確定的東西，追加個人養老金或儲蓄就是出於這個原因。除了養老金外，從法律上說諸位還能獲得一個保障，諸位知道是什麼嗎？」

「什麼？國家還能給我們其他保障？」人們感覺很驚訝。

「哈哈，看來你們還眞不知道，這個問題的答案就是退休金或退休年金，當我們離開單位時拿到手的退休金是一筆非常棒的退休資產。」

「哎呀，我已經跟公司結算過了，我把它拿來還了房貸。」

坐在角落的一名男子憂心忡忡地說道。

馬修教授掃視了一下會場，接著說：

「退休金是很重要的退休資產，因此不可以在退休前將它取出花掉，也不能把它與別的資產混在一起，將退休金作為退休資產進行分開管理這一點十分重要，但最重要的是，要從現在開始準備自己的退休資產。」

眾人紛紛點頭，完全被演講的內容所吸引。

「要是以個人的收入來計算，需要準備多少退休資產最爲合適？」

「當然是多多益善，但現實情況卻是，由於各種因素的干擾，每月即便多拿出一萬元都有一定難度，但當我們有了一個標準後，情況就變得簡單多了，一般來說我建議大家將月收入的百分之十五作爲退休資產。」

百分之十五，聽講的每個人都在默念這個數字。馬修教授又點擊了一下滑鼠，大螢幕上閃現出最後一行文字：

準備好投資資產！

「諸位最後要準備的資產是**投資資產**，它包括提供給一家人居住場所的住房、子女的教育費和子女結婚費用、剩餘資金等。一般人習慣將自己所擁有的全部資產都稱爲投資資產，用貸款購入的房子和汽車也被列進投資資產，但是我**在這裡所說的投資資產是指那些沒有債務關係的可動用資產**。」

「按您的說法，用貸款買的房子和汽車就不能被放進資產目錄……可這些明明是我名下的財產啊，難道不屬於我的嗎？」

看到有人提出了自己之前問過的同樣問題，陳有天心底暗自發笑。

「汽車和目前所居住的房屋儘管屬於我們名下，可是爲了能擁有它們，我們必須向銀行貸款，還要不斷地支付費用，所以不能稱它們爲投資資產，它們更像是奢侈性（費用性）資產。爲了全家的幸福，在購買住房時必須選擇一間與自己經濟實力相符的房子，最好將每月的連本帶息還款額控制在月收入的百分之三十以內。

「另外我們再說一下之前有過爭議的子女教育問題，與退休資產相比，它只不過是位置稍微靠後，但這並不代表我們不用籌集這部分投資資產。諸位必須記住一點，前面提到的保障資產和退休資產是必須準備的重要資產，哪怕身背債務也不可忽視，投資資產則是在還清所有債務後再進行準備的資產。」

不知不覺中研討會進入了尾聲，隨著時間的流逝，人們的思緒都沉浸在馬修教授的演講中，陳有天覺得這也是一個將上次與馬修教授的談話內容重新整理一遍的好機會，因而十分滿意這次聽課的收穫。

「各位即便成不了富翁，只要準備好這三大資產，這一輩子就不會遇到經濟上的難題，我之所以敢這麼說的理由是，如果本人意外死亡或得了大病，保障資產可以保護你的家人；如果退休後失去了固定收入，退休資產和投資資產就能保護你本人。」

馬修教授的這段話讓陳有天感到羞愧，他自己老是盯著股票，總幻想著能輕輕鬆鬆賺錢，實際上爲了自己和一家人的未來所做的準備工作少之又少。

「很多人都想著只要自己發了財，成了富翁人生必然就會很幸福，其實各位如果能在沒有債務的前提下準備好這『三大資產』，我確信各位的生活將比任何富翁都更加幸福。好了，今天的演講就到此爲止。」

會場裡的燈重新亮起，馬修教授向眾人鞠躬示意，大家都站起來對馬修教授的精彩演講報以熱烈的掌聲。陳有天也使勁鼓掌，感謝馬修教授讓自己摒棄了錯誤的金錢觀，爲自己指明了正確的人生方向。

Chapter 5

$

讓投資收益翻倍的理財策略

沒有目標的投資就如同搭乘了一架速度極快卻沒有目的地的飛機，投資理財，方向比速度重要一萬倍。要想將「錢的種子」培育成枝葉茂盛的發財樹，必須學會等待。目標和時間就是投資獲得成功的秘訣。

冷靜看待「內部消息」

午飯時間已過，王志海只好買了一個熱狗充飢，他一邊吃一邊忙著打電話。

「家興啊，是我，最近過得怎麼樣？」

王志海正在給高中同學打電話，客套了幾句後，他說出了借錢的事。

「沒錯！這次絕對錯不了，是我一個朋友向我透露的資訊，這次想都不用想直接往裡殺就行了，我敢百分之百打包票，你就先借我五十萬吧，以後我按比銀行還高的利息還給你。」

兩人你一句我一句又扯了一大堆，後來王志海只聽見話筒裡咔嚓一聲，電話被掛斷了。

「唉，小氣鬼，都說不用多久就能還了……什麼？這麼炒股等於是在賭博？炒股不是賭博還能是什麼，如果不這麼幹什麼時候才能掙到錢？傻瓜！」

王志海自個兒嘟囔著，將熱狗一口塞進了嘴裡。他把手機裡的通訊錄翻了一遍，再也找不出能借錢的人，把手機往口袋裡一放，他的心情煩躁起來，雖然不久前因為錯誤情報損失很多錢，但在他看來只是自己命不好罷了，這次是一個挽回損失的絕好機會，可自己財力卻跟不上了，這讓他心急如焚。

「媽的，股票這玩意兒就是多投入才能多產出……光靠前些日子發的業績獎金還是不夠啊，把這些錢全都投進去也賺不到什麼錢。」

王志海準備把到手的業績獎金投進股市，為此他四處打聽內部消息，最後終於讓他逮住了一個機會，他的一個朋友所任職的公司要進行秘密合併，他覺得這是個天賜良機，要是錯過就太愚蠢了。

「為什麼人們總是在機會到來時不懂得去把握，這些愚蠢的傢伙，連送到嘴邊的肥肉都不吃。」

王志海下班後和這位朋友見面又聊了聊，公司合併仍在進行中，沒有任何變故，這讓王志海更坐不住了。

「這樣下去也不是辦法，現在每分每秒都很珍貴，得趕緊想辦法解決！」

和朋友道別後他快步走在馬路上，心急如焚，既然打電話不行，只能當面找人說了。由於秋天已至，天氣變得涼爽起來，送走了悶熱難挨的夏天後，路上行人的步伐也顯得更爲輕快。

「今天天氣眞不錯，我得加把勁了。」

走向地鐵站的王志海突然想起陳有天的辦公室就在附近。

「對了，聽說小天兄也在炒股，要是我把這個消息告訴他，說不定他還叫我也算上他的一份。嗨，我怎麼早沒想到呢？」

王志海趕緊撥打陳有天的電話，正巧陳有天也準備下班，王志海和他約好在附近見面。

陳有天一進咖啡店，王志海高興地揮動著雙手。

「有什麼事嗎，今天是十月的最後一天，這種日子不是更適合獨自一人待在家中回憶往日戀情嗎？」

一句玩笑話讓兩人哈哈大笑，王志海叫來服務生。

「要不來杯美式咖啡？今天我買單。」

兩人邊喝咖啡邊聊起俱樂部的事，之後又聊了一會兒國內外的熱門事件，在聊天的過程中王志海的表情始終顯得有些心不在焉。

「對了，你找我到底有什麼事？似乎俱樂部那邊也沒什麼事，你約我晚上見面總不至於就是和我聊天下大事吧？」

陳有天覺得沒必要浪費時間在這閒扯，就直截了當地說道。王志海被搞得有些不好意思，尷尬地笑了笑，說出了自己的本意：

「也沒什麼，哥哥你也炒股吧？這次我弄到了一個絕對可靠的內部消息……實際上股票這東西光靠業績公告和個人分析很難賺到大錢，那些眞正的股票玩家們都互相分享著內部消息。」

陳有天聽王志海這麼一說，立即有一種不祥的預感，雖然自己知道王志海也炒股，但是從未和他討論過股票的事，因爲俱樂部的人都說炒股和賭博沒什麼區別。

「什麼，內部消息，能賺大錢的消息爲什麼要和我說？看來和我見面不單單是把消息告訴我……」

陳有天想到這裡，內心漸漸不安起來。

「所以說呢，要不哥哥也來投資一把？你要是有多餘的錢，能不能借給我一些當作投資資金？」

不祥的預感還是得到了驗證，王志海告訴了陳有天一個疑似從證券市場流出的小道消息，就憑這樣一個可以說是子虛烏有的小道消息，就來找自己借錢，陳有天眞想馬上離開此地。

事實上如果是在以前，一聽到有內部消息，陳有天的耳朵馬上就會豎起來，但自從聽了馬修教授的忠告後，陳有天已學會根據自己的資產規模一步步地積累財富，不再幻想有一天一夜暴富的事了。

「我現在對炒股已經不感興趣了……不行，我得走了。」

一看陳有天起身要走，王志海緊張起來，覺得怎麼也得再勸勸。

「志海啊，希望你別嫌我嘮叨，股票是我們這些上班族除去薪水以外獲得額外收入的一種理財手段，但是你要知道它畢竟還是屬於理財範圍，我們不能指望靠它一夜暴富，要是那樣它和彩券還有什麼區別？我聽周圍不少人說你炒股簡直就是在賭博，這種炒股就不能叫理財了，而且還很容易受一些虛假消息的誤導……」

「是誰這麼說的？竟敢說我是賭博？」

「不是說你賭博，是說你炒股像賭博……」

陳有天對王志海的過激反應很是驚訝，當然自己的話確實說得有點過分，從眼下王志海的反應來看，自己再說什麼恐怕也不管用。

王志海低著頭，沉默了片刻後，端起水杯喝了一大口，隨即說道：
「哥哥，如果你不願意幫忙也沒關係，投資還是不投資完全取決於你自己，我也沒什麼話可說的。」
王志海順了順氣，將杯中的咖啡一口喝光。
「哥哥，我對您生氣了，實在對不起，但說穿了，炒股不就是賭博嗎？那些靠股票掙大錢的人根本就不把彩券中獎當回事，所以我也想透過股票來賺大錢。」
王志海有些賭氣地申辯道，他看了一下手錶，準備結束這次談話，陳有天也不知該說些什麼，本來他打算把馬修教授的理財觀念告訴王志海，但一看他根本無心接受，便放棄了這個想法。
王志海走在熙熙攘攘的人群中，心情鬱悶至極，走到地鐵入口處，他點燃了一根香煙，開始考慮接下來要去見誰，可想了老半天，實在想不出合適的人選。
「不如先回家再好好研究一下這檔股票，這麼重大的消息，報紙和證券新聞怎麼隻字未提呢？」
他又轉念一想，這次公司合併是在絕對保密的狀態下進行的，肯定不會向外界透露半點風聲，不管怎樣既然自己已經掌握了別人都不知道的內部消息，只要把錢準備充足就行了。王志海在回家的路上，還一個勁地給人打電話找人借錢，但結果都令他失望，他又不能向兄弟姐妹或親戚們借錢，因爲之前張家誠的事就是一個最好的教訓，他並不想把家人也牽扯進來。

「等等，既然這個消息確鑿無疑，那何不直接從銀行貸款？要是眞像那小子說得那樣，有了這麼一塊大肥肉何愁沒錢還呢？更何況不用多長時間就會出來結果，利息也不會有多少。」

仔細琢磨一番後，王志海突然緊握拳頭，他最終拿定了主意，既然自己肯定能獲得一筆不菲收入，那麼就無須擔心貸款的償還問題了，去銀行貸款吧！

投資不是賭博，務必要保留活路

陳有天握著已經涼掉的咖啡杯，呆呆地凝視著窗外，明明已經送走了寒冬，但還是看不到一絲春天的氣息，整個城市灰濛濛的，在風沙的覆蓋下昔日熱鬧異常的街道也失去了往常的活力。

這是三月的一天，已經連續好幾天受沙塵暴的侵襲，今天又傳來一個不好的消息，張家誠的病情每下愈況，再次住進了醫院，首先得到消息的吳英俊正好在外面辦事，他去醫院探望完張家誠後回到了公司，吳英俊低沉著臉說張家誠看起來狀態極差，告訴陳有天最好趕緊去見他一面。

「什麼，又進醫院了，去年秋天出院後就一直沒有他的消息，我還以爲他病情好些了，可是他連一份保險都沒有，這可怎麼辦呢……唉！」

雖然公司的事已搞得陳有天焦頭爛額，但是他必須得去醫院看望一下張家誠，俱樂部已經很長時間沒有組織活動了，再加上他一直忙於處理公司事務和個人財務規劃，好久沒和張家誠聯繫了，沒想到對方又再次入院，這讓陳有天心生幾分愧意。

下班後陳有天來到張家誠所住的醫院，聽醫生說出情況不太樂觀的話後，陳有天一時思緒萬千，晚期癌症患者到了最後階段會十分痛苦，而守在病床邊的家人所承受的痛苦也不亞於病人，陳有天也只能重複著安慰話語，最後實在不忍心再看下去，轉身離開了病房。

爲了趕上醫院的探視時間他連晚飯都沒吃，一走出醫院陳有天的肚子就開始咕咕叫，於是他走進附近的一家餐館準備塡飽肚子，忽然發現王志海正獨自一人喝著燒酒，桌子上擺著一碗馬鈴薯湯，剛才張家誠的妻子還說王志海才來醫院探視過，卻沒想到會在這裡遇見他，自從去年秋天見面後兩人就再沒聯絡過，所以這次再見面多少顯得有些尷尬，但無論如何也不可能視而不見。

「王志海，怎麼一個人喝酒，有什麼不開心的事嗎？」

陳有天坐在了王志海的對面。

「哦？是你啊，眞巧，你也是來看家誠兄的？」

「是的，從醫院出來後餓得不行就進來吃點東西。看來探視完家誠兄後，你心裡也不好受啊，跑到這裡一個人喝悶酒。」

坐下後才發現王志海一臉愁雲。

「是，也有這個原因吧，但我也有自己的苦衷啊。」

看著王志海垂頭喪氣的樣子，陳有天似乎猜到了原因，他想起去年十月份見面時的情景，這肯定是和上次討論的事情有關。

王志海儘管屢遭挫折，但在陳有天的眼中，他始終是個對生活充滿激情的人，然而今天卻無精打采地一個人喝悶酒，這讓陳有天產生了些許的同情。

「哥哥，這世間不如意的事可眞多啊！」

王志海沒再繼續說下去，陳有天將王志海面前的空酒杯斟滿，王志海死死地盯著酒杯，過了一會兒開口問道：

「哥哥，最近還炒股嗎？」

「嗯，也沒賺到什麼錢，還挺傷腦筋的，後來我全賣了，還記不記得以前我和你說過什麼？炒股這東西不能太貪心，現在我把錢都交給專家們打理，只進行了一些間接投資。」

「是麼，當初眞該聽哥哥的話，我現在是傾家蕩產了。」

「什麼話？你可是公認的高手啊，而且從中也嚐到了不少甜頭，上次你不是得到了一個內部消息嗎……」

「就算是高手又有什麼用，實際上都是自己在打腫臉充胖子，我現在眞是身無分文了，成了一個徹頭徹尾的窮光蛋……」

「到底發生了什麼事，你就敞開心扉直接說吧。」

「哥哥，我們先吃東西吧，你不是肚子餓麼，吃完飯我再慢慢告訴你。」

陳有天叫來老闆娘，點了一份石鍋拌飯，看著面前一籌莫展的志海，飯菜端上來，陳有天沒吃幾口便放下了手中的湯匙聽王志海道出事情的原委。

王志海詳細講述了去年秋天和陳有天提過的事情，在大成陶瓷企劃室工作的朋友向他透露了企業合併的消息，正巧當時他拿到一筆業績獎金，正爲何處投資而苦惱，所以他就認爲這是一次絕好的機會，便將存摺裡的餘額、業績獎金以及銀行貸款全部投在了大成陶瓷上。

「王先生，只憑一時的感情衝動或內部消息來進行投資，掙來的辛苦錢都會賠進去的，你覺得好像就你一人知道這個情報，其實這些內部消息早就洩漏了。要想投資獲得成功，必須挑選業績優良的股票進行長期投資。」

在證券公司負責個人業務的金經理幫助王志海進行股票投資已有兩年，他認爲大成陶瓷的經營狀況不夠穩定，建議他要進行風險控制，但王志海以「高風險高回報」爲由斷然拒絕。

由於自己的一意孤行，之前的幾次證券投資都遭受了挫敗，王志海後來放低姿態，聽從金經理的建議只投資大盤績優股，但是性情急躁的王志海經常會在股市稍有動盪時便立即切割，稍有利潤就堅決拋售。金經理雖然告誡他這種投資方式十分危險，但在王志海看來，要是自己一直按他的意思投資，肯定會錯過一夜暴富的機會，最終他將公司發的四十萬元獎金和五十萬元貸款全部投資在大成陶瓷上。一開始的確和他想像得一樣，合併消息公佈以後，股票立即漲停，他也獲得了一些收益，但這其實是個甜蜜的陷阱，等到第二天大成陶瓷的股價沒了動靜，於是莊家們開始出貨，市場出現大量拋盤，最後直至跌停。

「王先生，現在趕緊拋售大成陶瓷，這檔股票有問題，我不是告訴你只能投資績優股嗎？今天拋售還來得及。」

金經理反覆強調投資中最重要的是遵守投資原則，僅憑手中掌握的某些資訊，將資金全部投在一處最爲危險。

「再等等看，現在是不是增倉的好時機？我要再往裡投些錢。」

王志海似乎中了邪，想利用這次機會將所有損失全部撈回，他又向銀行追加貸款五十萬元，之後又將用作退休生活資金和住房擴大資金的儲蓄型基金和定期儲蓄一共五十萬元全部取出，共計一百萬元的資金全被他用來購買大成陶瓷這檔股票。

沒多久大成陶瓷宣佈取消合併計畫，這直接導致股價一路下跌，屢創新低，在競相拋售的情況下王志海也只得撤出，最後只撈回一半的本錢。後來債臺高築的他只要聽到股票二字就心生痛恨，可這只是暫時現象，由於報紙電視上老是報導海外基金收益率是如何的高，他又有些動心了，他聽見內心有個聲音在對自己喊「人生就是一場賭博」，於是他將住房抵押貸款拿出資金投在日本基金和印度基金上，結果受世界經濟疲軟的影響，新興市場也出現利空消息，日本和印度的股市相繼暴跌，心情急躁的王志海不顧銀行職員要其長期持有的勸阻，寧願蒙受巨大損失也要將基金全部贖回。在短短的時間內他遭受了雙重打擊，並且以他目前的經濟實力已是回天乏術，最令他痛苦的是，在贖回基金後沒多久時間，市場又趨於平穩，股市又重新回到之前的高點。

聽了王志海的遭遇後，陳有天想起自己之前也曾冒充股票高手而賠得一塌糊塗，他有些後悔當初怎麼不勸勸頭腦一時不清的王志海，覺得自己透過陳文華見到馬修教授眞是幸運，如果不是這樣，自己也肯定會和王志海一樣，爲了挽回損失而亂了腳步。

回到家中的陳有天仍沉浸在思考中，股票和基金並不像有些人說的那樣一無是處，以上班族的立場來看，它們都是行之有效的理財手段，問題是**我們不能像賭馬一樣一擲千金，也不能操之過急，這些都屬於錯誤的投資習慣**。

「我得再拜見一下馬修教授，研討會結束後就再沒見過他，想當面再聽聽他關於投資方面的具體建議。」

投資理財，方向比速度重要一萬倍

馬修教授今天來到一家離陳有天工作地點很近的監理公司，與董事長面談後在返回的路上接到了陳有天打來的電話，兩人約定在附近的一家咖啡店見面。陳有天說了王志海的事，希望馬修教授能在投資方面給予一些建議。

「聽我的建議之前還是先談談你自己的想法吧，你覺得你那位朋友投資失敗的原因是什麼？」

「王志海沒有聽進證券經紀人關於風險控制的忠告是最主要的原因，另外他沒有長期投資的目光，只在乎短期的成敗也是一個不容忽視的要因。」

「說得很對，不考慮風險，只顧眼前利益而進行短期投資是這個年輕人失敗的直接原因，但是你有沒有想過比起這個來，最根本的原因是什麼？」

「這麼說的話應該是性格吧？據我觀察王志海是個急性子。」

陳有天想起了在俱樂部組織的活動中王志海的表現，他覺得應該是這個答案。

「性格……也有一定的道理，但我想從另外一個角度來看待這個問題，**王志海之所以會為了眼前利益而糾纏於短期投資上，是因為他沒有一個明確的投資目標。**」

「投資目標？」

「人們在投資時經常會說要達到一個什麼什麼目標，但你仔細留意他們的話，會發現他們所說的目標只不過是一些非常模糊的願望，當我們問這些人『你爲什麼要投資基金』，大部分人的答案都一樣，『想多賺錢』，我們再問『爲什麼想多賺錢呢』，他們就會覺得提問的人很無聊，怎麼會問這麼奇怪的問題。」

馬修教授的話讓陳有天頻頻點頭。

「現在的人只要一想到理財，就會被不注重目標而只想賺錢的強迫觀念所左右，『財務穩定』不被人們重視，人們最爲看重的是只有成功人士才可享受到的『財務自由』，如此一來，很多人都將透過理財賺取更多的收入視爲終極目標，這就直接導致他們會忽視投資原則，只顧追求眼前的短期利益，最終陷入投資泥淖中而無法自拔。」

馬修教授指出王志海就屬於這種情況。

「他們只要得知股票市場或房地產市場開始上揚，便會迫不及待地殺入，然後不等待最好時機，只要稍有下跌，便趕緊全部拋售。然而，**當你有一個具體的財務目標後，並且對這個目標有充足的信心，那麼即便你是個天生的急性子，也會逐漸磨練出恆心和毅力**，你說對不對？」

喝了一口咖啡又喝了一口涼水，品味著濃縮咖啡獨特香味的馬修教授另闢蹊徑，找出了問題的原因。

「聽起來的確是這麼回事，我在炒股的那個階段滿腦子想的都是怎樣賺取更多的錢，卻從沒有想過給自己制定具體的目標。」

陳有天想起大學裡的一位前輩，在生活中是個急性子，但在投資股票時卻表現得異常慎重，一直堅持長期投資，十分注重股票投資的收益穩定性，從他的例子也能看出性格雖然和投資存在一定關係，但絕不是失敗的根本原因。

「假設你終於坐上了前往海外旅行的飛機，當滑行在跑道上的飛機離開地面衝向天空的那一瞬間，你的心情肯定是無比的興奮，但在起飛後不久，機艙裡傳來機長的聲音：『旅客朋友們，我們現在正以極快的速度翱翔於藍天之上，但是我們還不能確定在哪裡降落。』試想一下座位上的你會是怎樣一種心情。」

「你的意思是**方向要比速度更為重要**，我在教授的上次演講中也充分感受到了這點，我覺得您所提出的『三大資產』就應該是我投資的目標。」

馬修教授點點頭，繼續說「投資目標」這個話題：

「這便是我想表達的核心內容，爲了確保三大資產來進行投資和儲蓄，是我所提倡的『有目標指引的理財』。**沒有明確的目標，再好的方法和理論也是空談，我們的投資也是一樣，最重要的是先搞清楚為什麼而投資**，目標明確的人如果能建立一個對達成目標的投資計畫，將全部注意力放在投資計畫的執行上，就會意外地發現投資會具有事半功倍的效果。」

馬修教授的字字句句都讓陳有天聽得十分入迷，馬修教授也被他的情緒感染了，微笑著繼續解釋道：

「我見過很多人都迷失在氾濫的財經資訊洪水中，欲望實在太多，一會兒這樣，一會兒那樣，忙得不亦樂乎，但是人生怎能全由欲望來支配呢？」

馬修教授勸告陳有天不要將投資數量和投資成果混爲一談。

「生活沒有目標，被別人牽著鼻子走，這樣的人生十分空虛，同理，如果理財沒有目標，也就和海邊的沙子城堡一樣，很容易就被海浪沖垮。」

「沒有目標的人生……沒有目標的理財……」

陳有天這才發現在自己的潛意識中，只是知道要努力賺錢，卻不知爲了預備人生中不可預知的危險需要提前做好準備，一心想成爲富人的強烈欲望蒙蔽了自己的雙眼。

「你還記不記得上次我所說過的兩個財務目標？至少將每月收入的百分之五和百分之十五分別作爲保障資產和退休資產，同時你還要還清所有債務，當然這不包括用每月百分之三十的收入來償還的住房抵押貸款，怎麼樣？你能做到這些嗎？」

馬修教授問陳有天是否能準備好自己的保障和退休資產。

「可以，自從我聽了教授的教誨決心成爲『錢的主人』後，我就在努力還債，爲了預備意外情況的發生我已經有了保障資產，同時不久前已經開始準備自己的退休資產，以預備沒有收入的退休生活。」

陳有天說自己已經在準備保障資產和退休資產，並且補充說自己對未來的生活充滿信心。

馬修教授叮囑陳有天如果已經開始朝著這兩個目標邁進，那麼下一步就要將更多的精力放在子女教育費、剩餘資金、購房資金等投資資產的籌集上。

投資成功的關鍵：確定目標

「沒錯，在保障資產和退休資產都能保證的前提下，要開始正式籌集投資資產，如果從現在起你的投資都有目標的指引，那麼接下來就會有神奇的事情發生。」

陳有天此前品嚐過投資失敗的滋味，所以對馬修教授的這句話十分感興趣，他將椅子拉得離馬修教授更近了一些。

「我們來看一下，一個普通家庭的年收入爲一百二十萬元，那麼在一家之長的一生中就有三、四千萬元從他的手中經過，的確是筆鉅款吧？單從這一點來看，大部分的一家之長都有機會成爲百萬富翁，如果這個一家之長很善於管理資金，透過他的運作，這筆鉅款甚至會增長幾十倍乃至幾百倍，但如果這個一家之長十分散漫，便容易丟掉這個機會，不要說將這筆資產擴大幾十倍，甚至還會在不經意間扔掉這筆錢，讓家庭陷入財務危機，這樣的例子實在是舉不勝舉。」

「與自己的期望相反，最後弄丟了這筆錢，這倒是很有可能，可難道還有人會把這筆錢扔掉嗎？」

「王志海不就是這樣嗎？他就不能算把錢弄丟的，而是自己把錢扔掉的，**投資沒有任何目的，不考慮任何風險，看到眼前有利益就撲上去，這和不顧一切往前衝的堂吉訶德有什麼兩樣？所以把這種投資方式叫做扔錢更為合適。**」

仔細想想倒也是，王志海是一位收入頗豐的專業人士，在這五年時間每年的收入近二百萬元，可如今手裡卻一分不剩，平時他的生活也不怎麼奢侈，可是錢卻全都不見了。

「錢對我們的生活十分重要，但是關於如何操控錢的技術，包括學校在內，沒有人會傳授你這方面的知識，因此就有了這些荒誕不經的事。其實在生活中，要是逐一分析我們所感受到的喜怒哀樂，會發現其中的大部分都與錢有關，是能保持平心靜氣，還是陷入不安之中，這取決於我們如何操控手中的錢。你今後也要在這方面多下苦功，以防自己在錢的問題上犯錯，**只要你操控錢的水準達到遊刃有餘的程度，那麼幸福必定會陪伴你一生。**」

馬修教授望著陳有天，臉上露出滿足的表情，看著陳有天能夠按照自己指引的方向修正價值觀，他有一種重新站在大學課堂上授課的滿足感。將杯中的濃縮咖啡喝完後，馬修教授又提醒陳有天還必須注意一點：

「在投資前你一定要牢記，無論誰，只要投資必定想著賺大錢，於是有些人便鋌而走險，不去考慮投資該如何起步，而是被一些無法實現的巨額利潤所誘惑，最終迷失了方向，王志海便是此類型的人。」

陳有天點頭稱是，側耳聆聽教授的分析。

「但很諷刺的是，**賺到大錢的人卻往往都是從一張紙幣開始他們投資之路的，也就是說，在投資中一定充分認識到投資本金的重要性**，要記住，在你**隨隨便便把能夠成為種子的紙幣扔掉時，你未來的發財樹也在逐漸地枯萎**，那些創造出巨額財富的真正富豪們都十分堅信自己能夠將一塊錢的種子培養成參天大樹，而他們也的確在肥沃的土壤裡種下了一粒粒錢的種子。」

陳有天問錢的種子到底是什麼東西。

「在投資世界裡，錢的種子可以看作是本金，但是本金如何獲得？大部分本金要靠你辛勤的工作來獲得，白手起家的富翁不斷地創造收入，再將收入的一部分拿來投資，最終收穫枝葉茂盛的發財樹。但是反觀王志海呢？他有著一份比普通人條件更好，待遇更豐厚的工作，因此他所擁有的種子的品質肯定要好於旁人，可惜的是他本人並沒有好好利用收入這一強有力的武器，胡亂進行投資，結果連本都賠進去。你看一下這個！」

馬修教授把咖啡杯置於一旁，打開筆記型電腦。

「你覺得十年後，下表中的A和B，誰積累的財富更多？」

「乍看上去好像是收入更多的A，但是要以兩人的投資本金來判斷，還是B的財富更多。」

「沒錯，雖然B的收入很少，但是他知道月收入的重要性，生活比較節約，謹慎地做一些投資，所以投資本金要比A還多，與之相反，A由於過度消費以及投資不慎，白白損失了好多的投資本金。」

馬修教授用圓珠筆指了指B的「用於投資的本金」和「月收入」，直視著陳有天的雙眼。

「巴菲特的財富之所以排在世界前幾位，其中一個秘訣便是『儲蓄和投資』，他在年輕時就知道該爲今後打算，一直進行著投資和儲蓄，哪怕是一美元也絕不亂花，將自己的開支始終控制在收入以內，這種投資習慣

投資者	月收入	月支出額	用於投資的本金
A	15 萬	145,000	5,000
B	5 萬	4 萬	10,000

讓他擁有一隻能天天下出金蛋的鵝，透過這隻鵝他成爲美國首富，成爲眾多年輕人敬仰和羨慕的偶像，因此越是年輕人就越要懂得小額資本的價値和它的機會成本。」

每天四十元，等於十年後的四十萬，三十年後的三千八百萬

認眞地聽完馬修教授的講解，陳有天提了個問題：

「我現在眞的認識到了薪水的重要性，但是光靠收入和資金管理，我們要把『錢的種子』培養成參天大樹，是不是得花很長的時間？」

陳有天這話的意思是自己原則上同意首先要播下錢的種子，但是他擔心種子變成大樹的時間會不會太長，馬修教授聽完後哈哈大笑，接著又耐心地解釋起來：

「你所提到的『時間』也是創造投資資產的一個秘密，**如果不會利用時間，便很難創造出令人滿意的投資資產。我們經常會見到許多人急於在短期內快速致富，但是越著急就越容易掉進金錢的陷阱，致富就不用談了，到頭來反而淪為了錢的奴隸**。但是，有一點要記住，時間並不是永遠保持一個速度的，現在總覺得時間過得很慢，不知哪一天才能得出自己想要的投資資產，然而當你一旦步入成功的加速通道後，一切都不過是

瞬間的事，在一天都不到的時間內甚至會收穫到相當於一年的成果。」

馬修教授似乎已料到陳有天會這麼問，他的回答顯得從容不迫，因爲他非常清楚，人們對錢總是抱著一種急功近利的態度。

「再比方說，眾人眼中的暴發戶或名人其實也有一段只有他自己知道的辛酸史，可是他們忍受住了時間的煎熬，沒有氣餒也沒有放棄，最終在某天一下子獲得了成功。」

「一下子就成功了？就像那些一夜成名的詩人一樣？」

「是的，但是大部分人都沒有耐性，老是埋怨時間過得如此之慢，當他們放棄等待轉頭而走時，殊不知成功已經無限接近於他們，只是他們沒有等到這個瞬間，最終以失敗落幕，這就和王志海沒等到股市的反彈便贖回基金一樣，記住，如果不學會忍耐，成功是絕不會主動找上門的。」

兩人談興正濃，似乎都忘記了時間，此時咖啡也已涼了，陳有天又續了一杯咖啡，馬修教授接著往下說：

「那麼，我再和你說說爲什麼不能太過著急的原因，你剛才續了杯咖啡，我就拿這個打比方吧，年輕人都比較愛喝咖啡，如果每天能省出一杯四十元的咖啡錢，我們計算一下最終能節省多少錢。每天四十元，按每個月二十天來計算，每月能節省八百元，一年下來是九千六百元。這樣吧，我們用excel表格來計算一下這些零花錢能夠帶來多少收益，如果將這筆錢拿來做五年的短期投資，無論是多高的複利收益率也不可能獲得多少收益，但是如果我們做十年以上的長期投資就能拿到一筆鉅款，表中百分之二十五的收益率是股神巴菲特的二十年間收益率，百分之十二是新興市場的預期投資收益率，每天隨隨便便就花掉的四十元零花錢，在經過一定時間後竟然能變成三千八百萬元的大金礦。」

「哇！太厲害了，在三十年的時間裡每天省出四十元咖啡錢，就能獲得三千八百萬這麼恐怖的收入……」

「這便是複利的力量，即使一天投入四十元也能籌集到鉅款，複利就像是將時間作爲養分的植物，最開始生長的速度可能較爲緩慢，但經過一段時間後便飛速生長，而且速度越來越快。如果投資不過兩三年就期待出現複利效果，這就

● **假設把每天省下的四十元咖啡錢用於投資，二十天為八百元，一年為九千六百元**

投資時間	8%	12%	25%
5 年	60,825	68,304	98,484
10 年	150,192	188,688	399,033
20 年	474,460	774,710	4,115,337
30 年	1,174,521	2,594,812	38,726,092

好比摘吃還未熟透的果子，我們必須等到果實完全熟透的那一刻，千萬不能因爲吃了沒熟的果子而去埋怨果子又小又酸。要想享受到複利帶來的好處，就必須學會等待，從這層意義來說，需要二、三十年時間來儲備的退休生活資金也正是因爲複利的存在，從而爲我們的退休生活提供了保障。」

陳有天聽了馬修教授關於複利和時間兩者關係的說明後，內心燃起了自己也要收穫一棵發財樹的希望。

「但是在利用時間時需要注意一點，投資資產的增長並不與時間成正比，在積累資產的最初階段，必定會走很多冤枉路，但同時也會掌握很多技巧，這個階段最重要的是要學會忍耐。」

馬修教授的筆記型電腦上顯示出一張曲線圖。

「從這張曲線圖可以看出，在一定時間段內資產的增長幅度並不明顯，但是從某個時間點，也就是臨界點之後增長的速度就如同滾雪球一樣呈幾何級數增長，然而很多人在資產的形成過程中往往沒有等到臨界點到來的那一天便已放棄。一般在投資時遇到一些小困難，人們都能克服，但是如果目標不明確，很多人便無法堅持到最後，投資也只能以失敗告終。那些沒有耐心的短線投資者就像兔子一樣，過了半路後便被烏龜甩在身後，他們是不可能賺到大錢的，所以說在開始階段雖然辛苦一些，但是不能放棄，要一直堅持到最後，長期投資非常重要，如果半途而廢，必然會將自己的本錢都賠進去。

「你要是把咖啡錢給省出來，每個月就是八百元，假如按照百分之八的年收益率進行投資，知道二十年後是多少麼？四十七萬四千四百六十元，要是你想最大程度地利用投資資產的這種複利效果，你知道還可以怎麼辦嗎？

「如果每月省出八百元能獲得四十七萬四千四百六十元，那麼要想得到四百七十四萬元，就需每天再播種下十個四十元的『錢的種子』，這樣透過複利我們就能

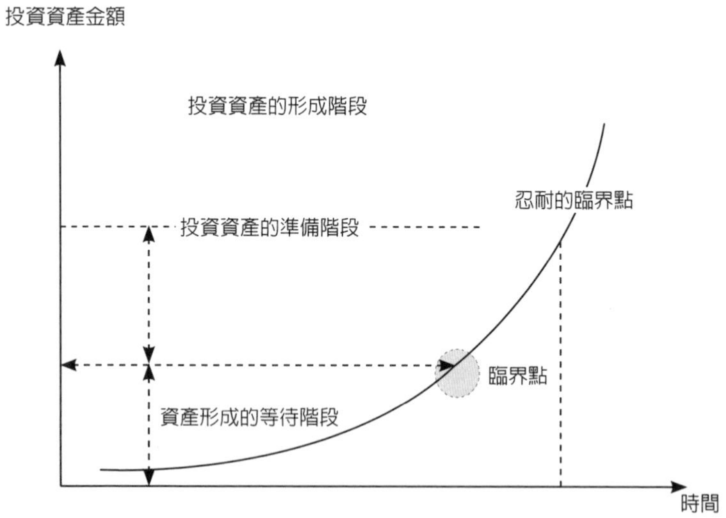

創造出充足的退休生活資金。」

陳有天也認為要想充分利用複利的效果，就不能忽視「時間的魔力」。

「是不是很神奇？**你只要將那些不經意間從指縫中漏掉的錢牢牢抓住並好好利用，成功便屬於你**，要記住對於投資成功的人來說時間就是最強的武器，希望你每天都能用上時間這張秘密王牌！」

風險控制，越早學會，越多收益

馬修教授的話讓陳有天不住地點頭，陳有天又問道：

「可我又該如何進行投資呢？現在的存款利率都已經近乎零，股票的風險又比較高，儲蓄雖能夠保證本金安全，可收益太少，我眞不知道該用哪種方式來投資資產。」

馬修教授喝了一口咖啡，抬起手腕看了一眼手錶，不知不覺已過了一個小時，但馬修教授並不在意，繼續給陳有天解釋：

「在做出投資資產的決定後，接下來必然會爲採用何種方式投資而苦惱，是應該選擇能夠保障本金安全的儲蓄，還是選擇雖然不能保障本金安全，但卻能帶來較高收益的股票和基金。我先給你舉個例子吧，假設你手中有五十萬元，如果將這筆錢以能保證稅後年收益率達到百分之二的定期儲蓄形式存起來，三十年後儲蓄總額爲九十．五十五萬元，這種投資方式不可能會帶來多大的收益。我們再換一種方式，將這五十萬元分成十五萬、十五萬和二十萬三大塊，進行分散投資，假設第一個十五萬由於股票投資失敗，連本也賠進去，第二個十五萬在股市中只獲得百分之一的年收益率，最後的二十萬取得了百分之十二的年收益率，那麼在三十年後你手中最終還剩多少錢？」

「這個嗎？」

陳有天考慮到本金已經損失十五萬，另外十五萬僅有百分之一的年收益率，因此他覺得這麼下來必然會損失慘重。

「但不可思議的是，你手上竟然還有六百二十萬元，第一份投資因爲失敗而分文不剩，第二份投資僅取得百分之一的年收益率，但由於最後二十萬元的投資產生了百分之十二的年收益率，這就比五十萬元以固定的百分之二年收益率所進行的投資多出了五百三十萬元。」

陳有天驚呆了，他本以爲會賠得一塌糊塗，沒想到卻竟然還多出五百三十萬元，這讓他一時合不攏嘴。

「所以趁自己還年輕，就必須對股市等具有波動性的投資產品保持一定的關注，太過保險的金融產品雖然暫時能給你一種安全感，但經過很長一段時間，由於其較低的收益率明顯低於物價上漲率，反而會出現資產虧損錢不值錢的危險。」

馬修教授看著吃驚的陳有天，告訴他說更爲吃驚的還在後面。

「另外，爲了投資資產，你還有必要學會控制風險，對股市給予足夠的關注。如果銀行儲蓄的稅後利率爲百分之一．五，三年間的收益率不過才百分之四．五，**但如果我們選擇投資基金，只要保證收益率能在三年時間內超過百分之四．五，那麼它就應該是比儲蓄更好的投資手段**。從歷史發展來看，處在成長期的股市年平均收益率超過百分之十，好了，相信現在你心裡已經有了答案，只要你帶著對股票市場的信心來進行投資，你的投資資產就會慢慢地累積起來。」

「但是如果到時候又遭遇類似亞洲金融危機的衝擊，該怎麼辦？」

當時有太多的人因爲炒股而傾家蕩產，在這之後股市一直飄搖不定，陳有天周圍就有不少人嚐到了股市暴跌的苦頭。

馬修教授承認當時韓國整個股市近百分之八十的股票都在暴跌，但最後經濟還是復蘇了，美國在上世紀三十年代也遭遇了經濟危機，百分之八十六的股票暴跌，失業率接近百分之三十，但美國經濟照樣也挺過來了。

「最終資本市場還是要繼續成長，所以從長遠來看無須爲此擔心，人們總有一個習慣，那就是記不住自己是如何克服危機的，而對於一些負面的東西卻記得很清楚，我所說的這些內容你都可以從現實中找到相應的例子來證明。」

「那麼當股市暴跌至谷底時，一下子將錢全部投進去不就能獲得最高的收益嗎？」

「哈哈，理論上來講一點也沒錯，但從歷史來看，很多時候股市的長期收益率就取決於幾天的變化，換句話說，如果抓住了這僅僅幾天的機會，便能獲得可觀的收益，但如果錯過了，長期收益率中的很大一部分便會失去，但是在現實生活中誰能準確預測出這幾天？沒人會知道哪天股價會大跌，如果只為等著這個時機入市，投資根本無法進行下去，持續不斷地注入資金才是根本中的根本。**人生也好，投資也罷，都十分講究持續性和耐性。**」

持續性和耐性，平時經常聽到的兩個詞，今天從馬修教授的口中說出，卻有一種特別的感覺，自己之前的失敗不正與這兩個詞密切相關嗎？陳有天覺得自己花了這麼多的費用和精力才領悟到這個道理，嘴角泛起一絲苦笑。

「耐性的確是我最應該具備的一個品性，我在買賣海星生物這檔股票時就深切感受到它的重要性。」

「說得好，雖然最初撐得有些辛苦，但是你不能放棄，要一直堅持到最後，對於不太會挑選股票的個人投資者來說，可以選擇有專家打理的基金或是能跟蹤市場收益率的指數基金，透過它們就能很輕鬆地追逐到股票市場的收益率。」

聽完馬修教授的話，陳有天不再畏懼投資股市了，之前的自己只是忽視了最基本的投資原則，被股市光鮮亮麗的表象所迷惑，從而付出慘痛的代價。

此時陳有天的手機響了，他接通電話簡單說了幾句，隨後向馬修教授表示歉意。

「教授，對不起，我是臨時出來的，現在公司有事找我，我還讓您特意跑一趟，眞不好意思。」

「哈哈，沒關係，我也是順路過來的，佔用了你這麼長的工作時間。」

「哪裡哪裡，教授您傳授給我這麼重要的東西，我理當親自登門拜訪。」兩人從座位上站起，走出咖啡廳。

「教授，非常感謝您抽出這麼寶貴的時間。」

「噢，對了，咱倆可能暫時見不著面了，我要去日本待幾個月，商討在那邊成立分公司的事情。」

「……」

陳有天感到很不捨，但一時又不知說什麼。

「最後我還想囑咐你一句話。」

「您說。」

「人們都想像兔子跑得一樣快賺快錢，但無論是回顧歷史，還是看看周圍的人，將辛苦掙到的錢慢慢進行投資的烏龜贏得了最後的勝利。我見過很多投資失敗的人，據我對他們的觀察，大部分人都是拿著禁不起推敲的短期投資計畫就進行孤注一擲的投資，相反，大部分投資成功的人都有著長期的投資計畫，進行著長線投資，所以說，你的投資計畫至少也要定在五年以上。」

為了未來，牢牢抓住現在

靈堂外面有幾位男士聚在一起抽煙，整晚都在接待弔唁者的幾位女士靠在椅背上臨時打個盹，耳邊傳來的哭泣聲提醒現在已是第二天凌晨時分，陳有天仰望著東方漸白的天空，回想起昨晚發生的事。

在緊縮財務的背景下公司出臺了一系列業務重組的方案，陳有天正爲此事忙得不可開交，這時手機鈴響了，是王志海打來的。

「哥哥……家誠兄他……」

擔心的事最終還是發生了，自從上次看到張家誠形容枯槁的樣子，心裡始終惦記著他的病情。陳有天將手機滑蓋向下一滑，歎了口氣，他知道比起肺癌晚期給張家誠身體上帶來的痛苦，對家人的內疚讓張家誠更爲難受，一想到這裡，陳有天的心裡就在隱隱作痛。

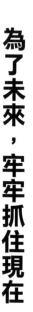

趕到靈堂後才發現這裡要比想像得冷清，因爲平時張家誠是個性情豪爽的人。

「有天兄！在這裡。」

王志海看見了陳有天，趕忙揮手示意。

「哦，是你啊，其他人呢？對了，我先把禮金交上……」

陳有天來到入口的桌子前交了自己的禮金，走進靈堂後先是弔唁逝者，然後向家屬行禮，說了一些安慰話，張家誠的妻子表情呆滯，兩個孩子還是很難接受父親已經去世的事實，耷拉著腦袋。「喲，你來了！今天不回去了吧？來這邊吃點東西！」已經到了的羅富東看起來有些醉意，吳英俊和王志海兩人在一旁默默地喝著酒，仔細一算，這四人已經好長時間沒有聚在一起了，平時大家都各忙各的，連坐下來吃頓飯的時間都沒有。

「快來快來，這邊坐。」

吳英俊無力地朝陳有天笑了笑，繼續喝著杯中酒，吳英俊獨自一人生活已經一年多了，整個人看起來格外消瘦。

「最近過得怎麼樣，雖說咱倆在同一家公司，平時卻沒什麼機會見面……」

陳有天觀察著吳英俊的面部表情，小心翼翼地問道。

「我？還不是住在小房間裡天天賺錢。」

吳英俊簡單的一句回答讓陳有天更爲擔心。

「喂，你不要用那種擔心的眼神看我，這兩年我的薪水也漲了一萬元，現在已經能租一間一房一廳的房子了，等再過三年，有能力租三房一廳的房子後，我就把家人接過來，哎，我眞後悔當初怎麼不早點存錢。」

聽到吳英俊的情況逐漸好轉，陳有天放下心來，此前他一直很擔心獨自一人生活的吳英俊。

「是嘛，看你掙到了錢，我也就放心了，你應該好好打聽一下，要把錢存在利率更高的地方。多吃點菜吧，咦，你怎麼不吃呢？」

陳有天把菜推到吳英俊的面前，勸他多吃點。

「唉，外面飯菜的味道眞不好，對了，你怎麼樣了？我看你最近好像不開車上班了……」

「哦，我還沒跟你說過，我把之前住的房子賣了，重新換了一間我能負擔的房子，之前的那間房子從銀行貸款太多，光利息就吃不消，我把貸款都還完後就用剩下的錢租了一間小一點的房子，我太太非得要我坐地鐵上下班。」

「是嘛？像你這樣的人是最討厭坐地鐵的啊，你是怎麼適應的？」

「哪裡能適應？到現在還是感覺在地獄裡煎熬，可是雖然身體難受一些，心裡卻感覺像在天堂一般，因爲我每個月都能節省出二萬五千元用於投資。」

「看來大家都過得挺好的嘛，眞替你們感到高興啊！」

陳有天和吳英俊一邊喝一邊聊著，這時一旁的羅富東插了一句，雖然是笑著說的，可他的表情卻很鬱悶。

「哥哥最近過得怎麼樣啊？」

陳有天這才想起自己還沒和羅富東打招呼呢，趕緊給他斟酒以示歉意。

「我？呵呵，我過得挺好的，這個世界還能有什麼？只要我和家人身體健康不就行了嗎？」

放下酒杯後，羅富東又說了起來：

「我眞的很羨慕你們這些年輕人，要是我能和你們一樣，重新回到三十多歲，我肯定會爲了晚年生活把錢省下來，你們看到了張家誠的情況，覺得必須買份醫療保險，同樣你們在看了我的情況後，也得爲晚年生活儲蓄資金啊！我現在對於『人生前輩』這句話有了重新的認識，所謂的人生前輩走了這麼多冤枉路，犯下那麼多錯誤，其目的就是要讓你們這些後輩免費學到他們的經驗教訓啊。」

羅富東還要往酒杯裡倒酒，一旁的王志海一把奪過了酒杯。

「哥哥，您喝太多了，別再喝了。」

「好吧，不喝了，不管錢掙多掙少，至少現在我還是一家之長，喝太多了也不像話。」

「哥哥，這麼說您又上班了……」

陳有天見羅富東似乎挺高興就說了這麼一句，可坐在一旁的吳英俊掐了一下他的大腿，衝他直使眼色。

「哈哈，沒關係，我這把年紀還去社區當警衛當然不是什麼自豪的事，可又有什麼辦法呢，現實所迫啊。」

羅富東離職後有很長一段時間天天喝酒，用自己的退休金繳完孩子們剩餘學費後，剩下的錢只夠兩三個月的生活費，後來實在沒辦法，妻子開始去餐廳工作，羅富東也開始找工作，本來他以爲等孩子們都進大學後情況會好些，但事與願違，爲了籌集學費他是苦不堪言，雖然這比之前課外教育的費用要低，但是對於目前的他來說，也是一筆不小的負擔。

「哥哥，不喝酒就多吃點菜吧，要是失去了健康就等於失去了一切。」

陳有天端來熱騰騰的湯和飯菜，放在羅富東的面前。

「好的，謝謝，咱們幾個有緣能在一起我眞是高興啊，對了，志海啊，聽說你近來是短線高手？」

王志海尷尬地一笑，將酒杯往前一舉。

「自從上次受了打擊後，直到現在才恢復過來，現在只要別人說我是短線高手我就一肚子氣。」

王志海的話惹得眾人哄堂大笑，大家都舉起酒杯一飲而盡，之後大家又舉起酒杯祝已離開人世的張家誠一路好走，不知不覺已經酒過三巡，大家都有些醉意，由於已經做好了守靈的準備，每人便各自找個地方躺了下去。

已破曉的天空越發明亮起來，又是新的一天。陳有天突然想起來一句話——Carpe Diem，每當滑行在水面上時，會員們都會高喊這句話，這句話是「享受現在」的意思，但是從拉丁語的字面意思來理解，翻譯成「抓住現在」更爲準確，**抓住現在的每一瞬間就不單單指的是及時行樂，還意味著要為了未來而牢牢地抓住「現在」**。

看著初升的太陽，陳有天強烈地感覺到一切都還爲時未晚，在這個秋高氣爽的日子裡，陳有天的內心充滿了對未來生活的憧憬，堅信自己今後邁出的每一步都將十分地扎實。

【尾聲】

從「月光族」到「理財達人」，我的成功秘訣

星期一早晨，陳有天爲了抽出時間和家人一起度假，他再次確認了一下行程表，正好二月的第一週沒有什麼急事，一月底只要完成新一年的年度策劃案和業務計畫後，就能抽出兩天的時間去休假了。

上午遞交了休假申請，工作結束後與同事們一起吃了午飯，之後便是休息室裡的喝咖啡時間，鄭主任提起了休假的事情，帶著羡慕的口吻問道：

「陳總監，聽說您全家要去日本旅行啊？女兒的考試也考得不錯吧？」

「考得好像還可以，但還得等結果，俊理的大學考試也考完了，智恩的任職考試也結束了，所以這次就帶他們出去散散心。」

「陳總監都沒怎麼費心，孩子們的功課還這麼好，眞讓人嫉妒！」

同部門的崔主任羡慕地說道。

「何止孩子們功課好，你知道陳總監攢了多少錢麼？」

在一旁喝著咖啡的成總監接過了話，他和陳有天同時進入公司，同時進入公司的那批人中，很多人因爲沒有晉升或個人原因離開了公司，沒幾個人堅持到現在，成總監算是其中一個，可以看出在競爭激烈的社會中生存下來的難度不亞於在原始森林裡的求生難度。

「陳總監，您怎麼在子女教育、工作，甚至資產增值上都做得這麼出色呢？有沒有什麼秘訣？」

新進職員美永想知道自己該怎麼做才能達到陳有天的水準，在公司裡被稱爲「理財達人」的陳有天平時是年輕人羨慕的對象，因此每到公司聚餐和喝咖啡休息時，很多員工就追問他理財的成功秘訣。

「也沒什麼，不就是認眞過好每一天。」

「這麼說也太簡單了，快點告訴我們秘訣吧，總監！」

這時黃主任走進休息室，粗暴地將紙杯扔進廢紙桶，大家停住不說都看著他。

「怎麼回事？上司就坐在這裡，怎麼可以隨便亂扔東西？」

鄭主任叱責黃主任不懂禮貌，黃主任這才注意到鄭主任和陳有天，趕忙低下頭。

「對不起，我……我因爲股票……」

黃主任將前段時間到手的業績獎金和銀行貸款都拿去炒股，結果損失慘重，但他不認爲是自己的責任，將責任全推到了證券經理人和介紹這檔股票的前輩頭上，所以剛才情緒有些失控。

陳有天突然想起王志海和自己年輕時的樣子，那個時候自己也是每天進行著短線操作，眼睛時刻不離股市的各種圖表，可到頭來還是一場空，於是便開始怨恨周圍的一切。陳有天讓鄭主任不要再責備黃主任了，隨後安慰了他幾句。氣氛逐漸緩和後，一旁的鄭主任由於非常想知道陳有天有什麼理財秘訣，便又重提剛才的話題，看到氣氛有些沉悶，陳有天笑著說道：

「事實上一開始我也不是你們想像得那樣一帆風順，哎呀，午休時間過了，我們回辦公室吧。」

「總監，您到底打算什麼時候再說啊！」

「是啊，陳總監，你就給這些年輕人提提建議吧，你之前的建議給了我很大幫助，要不這樣吧，下週的研討會上你就給大家上堂課怎麼樣？反正那是兩個小時的自由演講時間，我還琢磨著該討論哪些話題呢。」

「上課？哎呀，我像是能上課的樣子嗎，要是眞有這本事我早就辭職不幹了。」

看著站起身的陳有天，職員們央求他一定要在研討會上做一次講演，成總監由於突然給自己所負責的研討會工作找到了內容，也顯得比較積極。

「好了，好了，那我就試試吧。三點鐘你們把需要批覆的公文準備好，我先出去了。」

陳有天只好答應下來，朝自己的辦公室走去。

江面上覆蓋著一層薄冰，現在仍是隆冬季節，江邊颳起了刺骨的寒風。研討會的內容是討論確定新一年的工作計畫以及團隊合作分工問題，同時還要對新進員工進行在職培訓。它不同於以放鬆爲主的郊遊，氣氛比較嚴肅，公司職員們對於大部分的行程都投入了很高的熱情，隨著時間的推移，研討會的氣氛越來越熱烈。

一天的行程結束後，職員們吃完晚飯便三三兩兩地分散到各個會議室，晚上還準備了多個主題的課程，自我潛能開發、休閒娛樂、冥想、瑜伽等等，職員可以根據自己的興趣選擇不同的課程，其中陳有天負責的是理財課程。

「竟然要演講……這是不是有點過頭了？」

陳有天有點緊張，進入會場後意外地發現竟來了很多職員，雖然坐在最後一排的成總監朝他豎起了大拇指，陳有天的心還是緊張到不行。

「大家好，我叫陳有天，沒想到今天來了這麼多人啊，在正式開始演講之前我想先說一些話，我現在之所以能坐在這裡多虧了馬修教授，是他告訴我正確的金錢觀，指引我走上一條正確的理財之路，就像過去聖賢們所說，好的東西要和大家一同分享，非常感謝大家今天給了我這麼一個機會，我也希望今後能與大家彼此分享和交流經驗。下面我就正式開始此次演講，不足之處，還請大家指正。」

一段簡短的開場白和掌聲過後，演講正式開始了，陳有天將做好的幻燈片透過投影器投射在布幕上。

- ●改變之前對金錢的觀念。
- ●當經濟遇到困難時，要將所有責任扛在自己肩上。
- ●生活中絕對不能讓自己成爲金錢的奴隸，而是要成爲金錢的主人。
- ●任何只停留在思想中的決定是沒有任何意義的。
- ●首要的目標是還清債務。
- ●用預算來嚴格控制支出。
- ●運用七十：三十的法則。

● 調整家庭資產結構，確保收入增多。
● 理財要有目標的指引。
● 必須把握資產投資方式的變化。
● 投資要有長遠目光。
● 愼重選擇金融產品。
● 不要把未來想像得過於樂觀。
● 退休生活的預備最大的敵人是延誤時機。
● 安全的投資產品不等於有保障的未來。
● 必須拋棄對房地產和子女教育的執著。
● 準備好三大資產。
● 無論是人生還是投資，最終還是烏龜超過了兔子。

「現在畫面中出現的清單是我一直以來恪守的原則，我十分肯定地說，只要能做到以上各項，不僅理財會取得成功，你和你的家人也會擁有一個更爲充實的人生。」

陳有天說到這停住了，會場上所有人都看著他，其中也有一些人剛聽到開頭，便歪著脖子露出不屑的神情。這讓陳有天想起了自己和馬修教授的首次見面，當時自己也一時難以接受，現在想起來都覺得好笑，然而世事變化無常，自己曾經接受了馬修教授的教誨，並將它運用到現實中，而如今自己又在向年輕人傳授這些意義深遠的生活智慧，這不得不讓陳有天感慨萬千。

陳有天做了一下深呼吸，開始逐項地進行說明，他希望更多人能像自己一樣，認清現在，爲未來的生活做好準備。

國家圖書館出版品預行編目資料

養錢才能養活你自己／高得誠著；唐建軍譯．——
初版——臺北市：大田，2013.06
面；公分．——（Creative；050）

ISBN 978-986-179-288-0（平裝）

563　　　　　102005706

Creative 050

養錢才能養活你自己：
遠離被金錢支配的人生

高得誠◎著
唐建軍◎譯

出版者：大田出版有限公司
台北市 10445 中山區中山北路二段 26 巷 2 號 2 樓
E-mail：titan3@ms22.hinet.net
http：//www.titan3.com.tw
編輯部專線（02）25621383
傳眞（02）2581-8761
【如果您對本書或本出版公司有任何意見，歡迎來電】

總編輯：莊培園
主編：蔡鳳儀　副主編：蔡曉玲
企劃主任：鍾惠鈞
校對：鄭秋燕／蘇淑惠
承製：知己圖書股份有限公司・（04）23581803
初版：2013 年（民 102）六月三十日
定價：新台幣 270 元

總經銷：知己圖書股份有限公司
（台北公司）台北市 106 辛亥路一段 30 號 9 樓
電話：（02）23672044・23672047・傳眞：（02）23635741
郵政劃撥：15060393
（台中公司）台中市 407 工業 30 路 1 號
電話：（04）23595819・傳眞：（04）23595493

돈 걱정 없는 노후 30년 3대 자산 이야기
Thirty Golden Years without Financial Worries-Story about Investment

國際書碼：ISBN 978-986-179-288-0 / CIP：563 / 102005706
Printed in Taiwan

廣	告	回	信
台北郵局登記證			
台 北 廣 字 第 01764 號			

平 信

From：地址：______________________________

姓名：______________________________

To：**大田出版有限公司　（編輯部）收**

地址：台北市 10445 中山區中山北路二段 26 巷 2 號 2 樓
電話：(02) 25621383　傳真：(02) 25818761
E-mail：titan3@ms22.hinet.net

＊請沿虛線剪下，對摺裝訂寄回，謝謝！

大田精美小禮物等著你！

只要在回函卡背面留下正確的姓名、E-mail 和聯絡地址，
並寄回大田出版社，
你有機會得到大田精美的小禮物！
得獎名單每雙月 10 日，
將公布於大田出版「編輯病」部落格，
請密切注意！

大田編輯病部落格：http：//titan3pixnet.net/blog/

智　慧　與　美　麗　的　許　諾　之　地

＊請沿虛線剪下，對摺裝訂寄回，謝謝！

讀　者　回　函

你可能是各種年齡、各種職業、各種學校、各種收入的代表，
這些社會身分雖然不重要，但是，我們希望在下一本書中也能找到你。

名字／______________ 性別／□女 □男　出生／______年_____月_____日

教育程度／

職業：□ 學生□ 教師□ 內勤職員□ 家庭主婦 □ SOHO 族□ 企業主管
□ 服務業□ 製造業□ 醫藥護理□ 軍警□ 資訊業□ 銷售業務
□ 其他 ______________________________

E-mail/______________________________ 電話／______________________

聯絡地址：

你如何發現這本書的？　　　　**書名：養錢才能養活你自己**

□書店閒逛時________書店 □不小心在網路書站看到（哪一家網路書店？）________
□朋友的男朋友(女朋友)灑狗血推薦 □大田電子報或編輯病部落格 □大田 FB 粉絲專頁
□部落格版主推薦 ______________________________
□其他各種可能 ，是編輯沒想到的 ______________________________

你或許常常愛上新的咖啡廣告、新的偶像明星、新的衣服、新的香水……
但是，你怎麼愛上一本新書的？

□我覺得還滿便宜的啦！ □我被內容感動 □我對本書作者的作品有蒐集癖
□我最喜歡有贈品的書 □老實講「貴出版社」的整體包裝還滿合我意的 □以上皆非
□可能還有其他說法，請告訴我們你的說法

____

你一定有不同凡響的閱讀嗜好，請告訴我們：

□哲學 □心理學 □宗教 □自然生態 □流行趨勢 □醫療保健 □ 財經企管□ 史地□ 傳記
□ 文學□ 散文□ 原住民 □ 小說□ 親子叢書□ 休閒旅遊□ 其他 ______________

你對於紙本書以及電子書一起出版時，你會先選擇購買

□ 紙本書□ 電子書□ 其他______________________________

如果本書出版電子版，你會購買嗎？

□ 會□ 不會□ 其他______________________________

你認為電子書有哪些品項讓你想要購買？

□ 純文學小說□ 輕小說□ 圖文書□ 旅遊資訊□ 心理勵志□ 語言學習□ 美容保養
□ 服裝搭配□ 攝影□ 寵物□ 其他 ______________________________

請說出對本書的其他意見：

大田出版有限公司編輯部 感謝您！